# Terapia na cozinha

# Morena Leite e Arthur Guerra

# Terapia na cozinha

Como a comida nutre o
corpo, constrói memórias
e transforma vidas

SEXTANTE

Este livro não é um manual médico e não deve ser usado como um guia alimentar. Se você não tem uma relação saudável com a comida, procure seu médico para um tratamento individualizado.

*coordenação editorial:* Sibelle Pedral
*produção editorial:* Carolina Vaz
*edição de texto:* Marcia Di Domenico
*preparo de originais:* Rafaella Lemos
*revisão:* Ana Grillo e Sheila Louzada
*diagramação:* Guilherme Lima e Natali Nabekura
*ilustrações:* Raul Gastão
*capa:* Rodrigo Rodrigues
*foto de capa:* © Paulo Vitale
*impressão e acabamento:* Bartira Gráfica

Os trechos das pp.41-42 foram extraídos do livro *Afrodite: Receitas, contos e outros afrodisíacos*, de Isabel Allende, e publicados mediante permissão da autora (Rio de Janeiro: Bertrand, 1998, tradução de Claudia Schilling).

A editora Sextante agradece a Flaira Ferro pela autorização para publicar os versos da canção "Me curar de mim" e à Brum Design pela cessão do divã da foto de capa.

CIP-BRASIL. CATALOGAÇÃO NA PUBLICAÇÃO
SINDICATO NACIONAL DOS EDITORES DE LIVROS, RJ

L554t

Leite, Morena
Terapia na cozinha / Morena Leite, Arthur Guerra. - 1. ed. - Rio de Janeiro : Sextante, 2024.
208 p. ; 23 cm.

ISBN 978-65-5564-950-5

1. Gastronomia. 2. Culinária - Aspectos sociais. 3. Antropologia nutricional. 4. Hábitos alimentares. I. Guerra, Arthur. II. Título.

CDD: 641.013
24-93399
CDU: 641.5:613.2

Meri Gleice Rodrigues de Souza - Bibliotecária - CRB-7/6439

Todos os direitos reservados, no Brasil, por
GMT Editores Ltda.
Rua Voluntários da Pátria, 45 – 14º andar – Botafogo
22270-000 – Rio de Janeiro – RJ
Tel.: (21) 2538-4100
E-mail: atendimento@sextante.com.br
www.sextante.com.br

# Sumário

# Você tem fome de quê?

**MORENA LEITE**

A comida é nosso primeiro elo com o mundo e a relação com ela, a mais duradoura que teremos na vida. Do peito da mãe até nosso último dia, a alimentação define e transforma de muitas maneiras o comportamento e a personalidade, nos envolvendo em uma rede maravilhosa de conexões. Conexão fisiológica, porque os nutrientes do que comemos se tornam parte de nosso corpo físico. Conexão social, quando nos reunimos em volta da mesa para festejar com família e amigos. Conexão cultural, quando ela nos revela ingredientes e tradições dos mais diversos povos e lugares. Conexão política, ao nos conectar a causas maiores do que a mera satisfação da fome. Conexão espiritual, quando ela é ofertada a santos e divindades em diferentes crenças e religiões. Conexão emocional, porque, através de cheiros e sabores, ela é capaz de evocar sentimentos e memórias. O ato de comer é tão universal que pode ser relacionado a praticamente qualquer aspecto da vida.

A comida é minha forma de estar no mundo e a linguagem com que me comunico com as pessoas. É a ferramenta que encontrei para me conhecer, me expressar, me conectar com os outros, alimentar minha curiosidade e nutrir minha alma. Sou baiana e canceriana com ascendente em Peixes: sou pura emoção e instinto de cuidar daqueles que amo. Nada me realiza mais do que fazer as pessoas felizes por meio da alimentação, proporcionar experiências especiais envolvendo o comer, compartilhar os sabores e saberes que descubro viajando por todos os continentes.

Eu era bebê quando meus pais chegaram a Trancoso, no litoral sul da Bahia, no início dos anos 1980, com a ideia de criar uma comunidade hippie e viver de um jeito mais natural. Meu pai, depois de sair do interior paulista com uma mochila nas costas e rodar o mundo por seis anos, voltou ao Brasil e conheceu minha mãe em São Paulo, onde eu nasci. Ela, mais pé no chão, era uma arquiteta recém-formada que começava a se aventurar na cozinha, adepta da alimentação saudável.

Chegaram em um Gurgel carregado com sacos de arroz integral e outros grãos, como adeptos que eram de uma alimentação vegetariana, macrobiótica e antroposófica. Juntos, eles viram na culinária a oportunidade de começar a vida em um novo lugar. Abriram um restaurante, o Capim Santo, que logo virou ponto de encontro de locais e viajantes. O prazer em receber e acolher ultrapassou a mesa, e pouco tempo depois o restaurante era também pousada.

Com ingredientes colhidos no quintal e peixes comprados dos caiçaras, minha mãe criava pratos saudáveis e originais, com aromas e sabores que despertavam os sentidos e conquistavam na primeira garfada. Até hoje é assim, e ela continua no comando da cozinha do Capim Santo em Trancoso, mantendo a simplicidade daquele passado, mas com a sofisticação que os novos tempos e o novo público exigem. Da minha mãe, Sandra Marques, e do meu pai, Fernando Leite, vêm meu DNA gastronômico e minha alma de viajante, meio nômade. Cresci entre as panelas do restaurante da família, ouvindo histórias que me abriram as portas do mundo para que eu fizesse dele a minha casa.

Ainda criança, eu achava fascinante observar os turistas que passavam pelo restaurante. Na metade dos anos 1980, Trancoso era uma esquina do mundo, que começava a ficar conhecida e recebia gente de toda parte. Eu tinha 6 anos, ficava olhando os grupos em volta das mesas e perguntava para minha mãe: "Por que os mineiros são mais acanhados, os cariocas mais expansivos, os paulistas mais retraídos, os italianos falam cantando, os franceses são curiosos...?" Os adultos achavam graça e diziam que eu tinha um olhar de jornalista ou antropóloga: sou curiosa, inquieta e comunicativa, estou sempre olhando em volta e querendo descobrir algo que ainda não sei.

Aos 15 anos, fazendo o caminho inverso dos portugueses, saí de Porto Seguro para a Europa, indo estudar em Cambridge, na Inglaterra, incentivada por um hóspede paulista que enxergou em mim a vocação para explorar o mundo. Na escola onde eu estudava e morava, dividia a cozinha com uma estudante cambojana budista, uma turca muçulmana e uma russa judia. No convívio com elas comecei a me encantar pelo poder que a comida tem de revelar muito sobre a identidade das pessoas e a cultura de onde vêm.

A cambojana era alucinada por comer, gostava de experimentar de tudo. Até hoje somos muito amigas. Achei surpreendente quando a colega judia me contou que não misturava leite e carne na mesma refeição, um princípio da alimentação kosher. Foi a primeira vez que ouvi falar que o cálcio (do leite) atrapalha a absorção do ferro (da carne). E que, por outro lado, a vitamina C ajuda a aproveitar melhor o ferro dos alimentos. Me lembro de na hora ter pensado: *Deve ser por isso que no Brasil comemos couve e laranja com feijoada.* Muito da nossa conexão se deu pelas nossas conversas sobre alimentação.

Foi nessa época que comecei a perceber que eu não tinha uma relação saudável com a comida. Longe de casa, escolher o que eu ia ou não ia comer provocava crises de ansiedade, a ponto de me dar taquicardia. Sentia medo diante de qualquer alimento desconhecido. Mesmo morando em um restaurante e com uma mãe que se esforçava para que eu provasse de tudo, além de cozinhar deliciosamente, eu estava acostumada a comer as mesmas coisas: frango grelhado, cenoura ralada, milho e batata palha.

Mais tarde, já adulta e tendo me tornado mãe, fui entender que dar trabalho para comer era uma espécie de rebeldia. Hoje penso que foi a maneira que encontrei de comunicar minha angústia por não ter minha mãe só para mim naquela época. O modo como as crianças se alimentam quase sempre é um reflexo de suas emoções. Eu não sabia administrar a frustração de ver minha mãe cozinhando e servindo os outros durante a maior parte do tempo, mas sem conseguir fazer as refeições junto comigo em casa. Fui me desconectando do prazer de comer. Escolher sempre os mesmos alimentos era como ter um norte, um porto seguro.

Fui passar um fim de semana em Paris nessa minha temporada europeia e fiquei fascinada ao ver como os franceses levam a comida a sério, como respiram gastronomia. Eles não comem para viver, vivem para comer. Entendi que, mais do que uma necessidade do corpo, comer é uma parte intrínseca à cultura e ao seu modo de ser, além de ser um grande prazer. Fiz um pacto comigo: dali em diante eu iria experimentar tudo que aparecesse na minha frente.

Voltei ao Brasil decidida a estudar gastronomia no Le Cordon Bleu, em Paris, a mais importante escola de culinária do mundo. Para minha mãe foi um choque. Eu não gostava de cozinhar nem era boa de garfo, como queria me tornar profissional da gastronomia? Com apoio do meu pai, ela acabou cedendo. Fui a aluna mais jovem a se formar na escola, com 17 anos. Meu professor principal, Patrick Terrien, hoje um amigo querido, mais tarde me disse que eu parecia uma criança assustada naquele ambiente. Eu tomava dois litros de leite por dia. *O que este bebê está fazendo aqui?*, ele se perguntava.

Em 1998, foi inaugurada a primeira unidade do Capim Santo em São Paulo, no badalado bairro de Vila Madalena. Recém-formada como chef, me tornei o braço direito da minha mãe na cozinha. Eu me sentia como um piloto iniciante assumindo a direção de uma Ferrari. Abracei o desafio gigante com entusiasmo, como em tudo que faço. E muita coisa aconteceu de lá para cá.

Eu cresci, e os negócios da família, também: hoje são três restaurantes em São Paulo e um em Trancoso, uma empresa de eventos, que faz desde pequenos jantares a grandes eventos corporativos, outra de alimentação em escolas e uma de alimentação em empresas. Além disso, há o Instituto Capim Santo, projeto social que nasceu da crença de que é possível transformar a vida das pessoas por meio da educação e da gastronomia.

Com 25 anos de formada, não me tornei antropóloga, mas encontrei um jeito de fazer o que chamo de "antropologia gourmet": vivo viajando o Brasil e o mundo explorando ingredientes, técnicas e tradições culinárias, com a missão de divulgar as raízes do nosso país por meio da gastronomia. Sou uma eterna turista na investigação da alimentação e dos muitos significados do comer para além de nutrir o corpo. Com este livro, quero ser também guia e dividir com você, leitor e leitora, experiências, descobertas, reflexões e aprendizados que acumulei nas diferentes fases da minha jornada até aqui.

Quando se trata de comida e hábitos alimentares, cada pessoa é um universo particular: come de determinado jeito e com seus porquês. Como é a sua fome? Que comidas fazem você feliz? Quais cheiros e sabores têm o poder de transportá-lo para outros tempos e lugares? O que você come quando está estressado, ansioso ou se sentindo sozinho? Nossas emoções influenciam o modo como comemos e são influenciadas por ele. Cada um tem suas próprias respostas para essas perguntas. Entrar em contato com elas é importante para entender nossa conexão com a comida.

Todos nós conhecemos alguém que tem uma relação difícil com a alimentação. A dificuldade pode se apresentar de muitas formas: comer compulsivamente; morrer de medo de engordar e por isso não comer; contar as calorias de tudo antes de colocar na boca; descarregar todo tipo de emoção comendo; preocupar-se demais com a origem dos alimentos, e por aí vai. Tenho contato próximo com pessoas de todos esses perfis e ainda outros e me considero um ímã de gente com problemas para comer. Talvez porque eu também tenha os meus. E, como não tenho filtro para falar dos meus conflitos e adoro conversar – principalmente quando o assunto gira em torno de alimentação –, deixo espaço para que outros compartilhem os seus.

Embora eu não tenha um diagnóstico de transtorno alimentar, comer, para mim, não é algo espontâneo, como respirar. Estou sempre vigilante, penso a toda hora na próxima refeição e se estou no controle da minha fome. Posso me atrasar para um voo, perder dinheiro ou ouvir uma crítica negativa sem me abalar, mas, se como demais no café da manhã, me arrependo – acho que vou passar mal depois ou engordar. Se não resisto a alguma coisa que nem era tão irresistível assim ou percebo que comi algo só por comer, me culpo e fico frustrada. Nada me tira tanto do eixo quanto sentir que perdi as rédeas, que não fui capitã da minha alma e dona das minhas decisões sobre o comer. Você também passa por situações assim?

Este livro também é um passo na minha jornada de autoconhecimento e busca por uma relação mais harmoniosa com a comida. Pode parecer paradoxal uma chef de cozinha que não consegue comer em paz, mas sou assim, feita de contradições – a começar pelo nome: Morena Leite. Viajo o mundo inteiro e experimento pratos incríveis nos restaurantes mais estrelados, mas gosto de comer sempre as mesmas coisas, nos mesmos locais, quando estou em casa em São Paulo ou em Trancoso. Entro nos lugares e os garçons já sabem qual será o meu pedido. Nem todos entendem que uma chef que frequenta as melhores mesas do mundo possa ter tantas limitações para se alimentar.

Acredito que o modo como nos conectamos com a comida diz muito sobre nossa personalidade e como somos na vida, e vice-versa. Começando por mim e meus antagonismos: sou calma, mas tenho a mente rápida; sou desorganizada, mas organizada; distraída, mas atenta; firme, mas afetuosa; ousada na vida, mas medrosa no paladar. Se alguém me convidar para um jantar às escuras, daqueles em que você não vê o que está no prato, meu coração pode ir a mil por hora.

Amo fazer comida para os outros, mas não consigo cozinhar para mim mesma nem comer de forma natural. Nos meus primeiros anos como chef, eu não comia o que cozinhava. Tinha que provar, é claro, pois encarava como um trabalho cuja técnica eu dominava, então ia lá e fazia. Demorei bastante para ter prazer em experimentar todo tipo de comida. Isso foi acontecendo à medida que entendi que minha ligação com a alimentação se dá principalmente pelo chamado de acolher e servir, pela oportunidade de explorar o mundo, compartilhar aprendizados e fazer as pessoas felizes por meio da comida.

Não sou de chorar sobre leite derramado, então escolhi ver minha dificuldade com a alimentação não como um defeito, mas como uma característica pessoal. Isso me liberta e ajuda a tentar vencê-la com gentileza, sem me culpar o tempo todo. Com isso, transformo minha fraqueza em força. Muita gente esconde seus distúrbios alimentares e problemas de saúde mental por vergonha ou medo de julgamento. Esta é mais uma razão para eu querer falar dos meus: acredito que quando uma pessoa conhecida, bem-sucedida e admirada por seu trabalho e suas realizações fala de suas vulnerabilidades, ela encoraja outras a fazerem o mesmo, se acolhendo e parando de sofrer sozinhas.

Quando se trata do comportamento ao comer, vejo que as pessoas se encaixam em categorias: umas são gulosas, outras comedidas; umas escolhem cuidadosamente o que consomem e outras são curiosas, gostam de experimentar de tudo. Há também as equilibradas, para quem comer está mais para um prazer e uma necessidade do que uma questão estressante – que a meu ver são exceção. Neste livro vou contar histórias de pessoas com quem convivo, para explorar essa teoria – criada por mim mesma sem qualquer embasamento científico, partindo da minha observação e interpretação. Não sou especialista em comportamento alimentar, apenas curiosa e interessada em compreender o que nos leva a fazer nossas escolhas e comer como comemos.

Desde cedo tenho a convicção de que nasci para alcançar realizações e ser condutora de um conhecimento que leve a algum tipo de cura. Ao longo do meu caminho coletei informações, conheci pessoas, experimentei, vivi intensamente e transbordei. Não pretendo ser exemplo para ninguém nem reproduzir conselhos sobre alimentação saudável que vemos por aí. A chave para vencer os condicionamentos que nos impedem de ter uma vida equilibrada está em cada um. Quero apenas dividir dúvidas, reflexões e crenças sobre um assunto que faz parte da vida de todo mundo, mas é mal resolvido na vida de um monte de gente. É claro que muitos não veem na comida nenhuma ameaça, só felicidade e a oportunidade de viver algum tipo de experiência interessante. Como é para você? De um jeito ou de outro, espero que se identifique e que isso ajude você a superar seus limites também, na alimentação e na vida.

A ideia da parceria neste livro nasceu de uma conversa com Arthur Guerra sobre como a alimentação mexe com muitos aspectos da nossa vida. Arthur é um dos psiquiatras mais importantes do país e ficamos próximos quando o procurei para um tratamento de saúde da minha filha adolescente. Arthur e sua equipe passaram a cuidar dela, o que envolveu interações com a família toda, afinal, um problema de saúde envolvendo uma filha pode afetar toda a dinâmica familiar. Nesse percurso, falamos bastante sobre como a comida interfere no humor e nas emoções de todos nós, como ela aproxima as pessoas e como nossos gostos trazem reflexos da nossa família, da nossa história de vida e até do lugar onde nascemos.

Aprendi que a intolerância a certos alimentos pode ser um sintoma de problemas de saúde e que o tipo de comida que você consome pode ajudar ou atrapalhar muitos tratamentos.

A alimentação é um universo fabuloso e infinito. Quero dividir tudo isso e mais com você. Arthur e eu vamos falar de assuntos importantes com a leveza das conversas que embalam a preparação de uma refeição gostosa. Ao fim de cada capítulo, incluí uma receita que dialoga com o tema que abordamos. Aqui tem lugar reservado para o equilibrado, o guloso, o curioso, o restritivo – para todos. Espero que você saboreie a leitura.

# Alimentação, ingrediente básico da qualidade de vida

**ARTHUR GUERRA**

*Desde muito jovem me interesso pelo tema da alimentação, e não só porque adoro comer. Quando eu estava no final do curso de Medicina e chegou a hora de escolher uma das muitas áreas de especialização, me peguei em dúvida entre três que eu imaginava que de alguma forma tinham a alimentação como denominador comum – gastroenterologia (que estuda o funcionamento do sistema digestivo), endocrinologia (que estuda o papel dos hormônios no metabolismo, no apetite e no comportamento) e psiquiatria (pois também queria entender as questões da mente). Acabei optando pela última porque achei que seria uma maneira de integrar meus interesses.*

*Os anos como estudante de Medicina são uma escola de como comer mal. É preciso ser muito disciplinado para não escorregar feio na rotina de alimentação – e é raro encontrar essa disciplina entre jovens universitários. Em meio a um volume enorme de conteúdo para estudar, come-se quando sobra tempo, entre uma aula e outra, no carro ou na condução, o que estiver à disposição e seja rápido. Isso muitas vezes significa engolir um sanduíche trazido de casa ou um pedaço de pizza de alguma padaria perto da faculdade. Se tiver qualquer coisa líquida para ajudar a engolir a "refeição", melhor. Quando os alunos começam a fazer plantões, a situação piora, porque a rotina é ainda mais corrida e muitos acabam trocando a alimentação por alguns minutos de sono. Essa era a realidade no passado e continua sendo hoje, como observo dando aulas em duas faculdades de Medicina.*

*Psiquiatra há mais de 40 anos, tenho me dedicado a cuidar de pessoas com todo tipo de queixa de saúde mental. Me especializei no tratamento daquelas com graves problemas decorrentes do uso de álcool e drogas, mas atendo também pacientes que me procuram com depressão, ideações suicidas, transtornos de ansiedade, problemas para dormir e outras dificuldades. Cada vez mais, o tipo de tratamento que ofereço é baseado na Medicina do Estilo de Vida, que propõe a adoção de uma rotina saudável para viver melhor, prevenir, controlar e por vezes reverter doenças. Em vez de recorrer exclusivamente a remédios, prescrevo bons hábitos. Meu papel como médico é ajudar meus pacientes a fazer as mudanças necessárias e possíveis para terem mais qualidade de vida, e isso passa necessariamente pela alimentação.*

*Foi só depois de alguns anos de formado que me aprofundei na relação íntima e complexa que existe entre saúde mental e alimentação. Mais do que isso, entendi que a dieta que seguimos e a relação que temos com a comida interfere na saúde do corpo todo, é um pilar da saúde geral. Ainda mais se considerarmos a definição de saúde da Organização Mundial da Saúde (OMS),* segundo a qual "saúde é um estado de completo bem-estar físico, mental e social, e não apenas a ausência de doença".

Acompanhando de perto a vida de pacientes com dependência, passei a dar mais atenção à relação entre o uso de álcool e drogas e o comer mal. Esses pacientes quase sempre comem pouco, não têm uma rotina nem se preocupam com a qualidade do que consomem. O foco da vida deles é beber ou usar drogas, então tanto faz se a comida é boa ou não. Como não costumam se importar com o que estão comendo, as escolhas acabam sendo calóricas e pouco saudáveis. Acontece que o álcool também é muito calórico. Com essa combinação, o ganho de peso é quase inevitável, assim como os prejuízos para a saúde, o bem-estar e a autoestima. No cenário em que o álcool governa, a falta de disciplina é uma regra. E isso gera indisciplina também na alimentação. É por isso que quando alguém está tentando perder peso, mesmo que não tenha uma relação de dependência com a bebida, a primeira mudança que recomendo é parar de beber álcool. Esse é um ótimo primeiro passo também porque não demora para fazer efeito. À medida que percebe a diferença no corpo e na disposição geral, a pessoa fica motivada e tem mais chances de adotar e perseverar nos hábitos saudáveis.

Pessoas com quadros sérios de ansiedade, depressão e outros transtornos mentais também tendem a descuidar da alimentação. Perdem o apetite ou exageram na quantidade, "descontando" na comida problemas, estresse e emoções difíceis de lidar. Em momentos de crise, fazem escolhas pouco saudáveis, como doces e refeições prontas, que rapidamente dão a sensação de conforto e mais energia. E, claro, muitos recorrem à bebida alcoólica como uma forma (equivocada) de amenizar desconfortos emocionais.

*Quando recebo alguém em uma consulta, quero saber como é a vida dessa pessoa para entender a dor psíquica que a trouxe até mim. Quero saber se dorme bem, se pratica exercícios, se tem lazer e amigos, se o trabalho é estressante, como é a alimentação. Peço que o paciente me descreva com o máximo de detalhes possível como foi seu dia anterior: se tomou café da manhã, almoçou e jantou, o que e quanto comeu, se mastigou bem a comida, com quem estava, se bebeu alguma coisa com a refeição, se comeu com prazer, ansiedade, culpa ou algum tipo de restrição, se foi ao banheiro e quantas vezes, se subiu na balança para se pesar e qual foi o resultado. No início, muitos não entendem o porquê de tantas perguntas e o que elas podem ter a ver com o sofrimento pelo qual estão passando.*

*Muita gente leva uma vida tão acelerada que acha que não tem tempo para prestar atenção em certos aspectos da rotina que parecem banais mas têm grande impacto na saúde mental. A comida está em praticamente todas as situações da vida cotidiana, é algo sobre o qual temos que tomar decisões a todo momento. Mas isso não quer dizer que tais decisões devam ser tomadas no piloto automático e sem atenção. Por exemplo, na maioria dos dias você come quando está com fome ou porque está na hora de comer? Percebe que come de um jeito diferente quando está com um problema para resolver ou em um período de muito trabalho? Escolhe o que come baseado no seu gosto e na sua vontade ou no que não vai engordar? Sabe parar quando está satisfeito ou só quando vê o prato vazio? A consciência do que é comer bem e a disciplina para conseguir fazer isso no dia a dia pode dizer bastante sobre a saúde mental de alguém porque é um reflexo de quanto essa pessoa preza pelo cuidado consigo, por seu bem-estar e sua saúde.*

*No mundo de hoje, em que estamos sujeitos a uma avalanche de informação e desinformação sobre o que é comer saudável e a preocupação com o peso e padrões estéticos orienta a vida de tanta gente, é importante estar atento na hora de fazer escolhas alimentares. Não só o que você come, mas quando, quanto, por que e com quem come. Tudo isso importa.*

*A comida fornece nutrientes para o corpo e a saúde, mas vai muito além disso. Está relacionada com a manutenção de nossas relações pessoais e profissionais, com expressão de amor e carinho, com demonstração de status e identificação com algum grupo social. Pode ser usada como reação ao estresse psicológico e emocional, como recompensa ou punição, como auxiliar na prevenção e no tratamento de desconfortos físicos e doenças, e por aí vai.*

*Quando conheci Morena, nossas conversas naturalmente se encaminharam para assuntos ligados à alimentação, e percebi, sem fazer julgamento, que tínhamos visões divergentes em alguns pontos. Ela, por exemplo, está sempre vigilante sobre a dieta e encara com dureza suas derrapadas ao comer. Por outro lado, nos conectamos por nossa postura positiva diante da vida, pela felicidade que sentimos em cuidar dos outros, por não medirmos esforços para realizar coisas que desejamos e em que acreditamos. Além disso, nós dois também gostamos de liderar pessoas estimulando o que elas têm de melhor e ficamos felizes em compartilhar conhecimentos que adquirimos com nossas experiências na vida.*

*Acho importante que uma mulher inspiradora, divertida e inteligente como ela, com o poder de influenciar muitas pessoas, fale com naturalidade sobre suas vulnerabilidades. Fazendo isso, ela colabora para propagar informação sobre a importância de cuidar da saúde do corpo e da mente, causa à qual me dedico há tanto tempo. A amizade que nasceu entre nós é a prova de que a comida está em todos os lugares e dá margem para muitos assuntos.*

*Comer é um dos maiores prazeres da vida, mas sei que para muita gente esse ato tão básico e vital está mais ligado a privação e sofrimento do que a alegria e satisfação. Vejo pessoas embarcando em dietas radicais e restrições perigosas para se encaixar em padrões e sou testemunha de quanto sofrimento mental isso pode causar – sem falar nos prejuízos à saúde física. Os discursos "terroristas" em relação à alimentação, propagados pela internet, têm um peso grande no modo como as pessoas se sentem em relação à comida e, consequentemente, ao próprio corpo. Recebemos de todos os lados informações que incentivam a categorizar os alimentos como "bons" e "ruins" ou "proibidos" e "liberados", o que ajuda a perpetuar comportamentos extremos. Por exemplo, rotular o chocolate ou os doces em geral como proibidos pode fazer muita gente cortá-los totalmente por acreditar que são vilões, engordam e prejudicam a saúde. Aí, quando bate a vontade de açúcar, o risco de ir para o "tudo ou nada" e acabar comendo com exagero, como se fosse a última vez na vida, é maior. Em seguida vêm arrependimento, sentimento de culpa e frustração. Nenhum alimento por si só engorda ou aumenta a predisposição para qualquer doença. Com moderação, podemos comer de tudo.*

*Não existe um comer perfeito e todo mundo comete deslizes e excessos de vez em quando. Eles fazem parte de um comportamento sadio desde que sejam exceção, e não regra. Cultivar uma mentalidade rígida demais em relação à alimentação só nos afasta do objetivo de seguir uma dieta equilibrada e sustentável no longo prazo. Uma alimentação saudável está além das propriedades nutricionais e da quantidade de calorias: tem mais a ver com a relação de cada pessoa com a comida, com liberdade e autonomia para escolher os próprios hábitos, em vez de seguir modismos e regras externas.*

*Minha proposta nestas sessões de "terapia na cozinha" com Morena é mostrar que é possível e vale a pena trabalhar para criar uma relação harmoniosa com a comida. Não pretendo me aprofundar em diagnósticos de distúrbios alimentares, que não são o foco deste livro. Também não temos a pretensão de dar receitas – a não ser de delícias da Morena, para quem quiser reproduzir em casa –, mas compartilhar experiências e reflexões que a mesa proporciona, algumas vezes com pitadas de humor. Tudo para deixar sua vida mais leve e saborosa, como deve ser.*

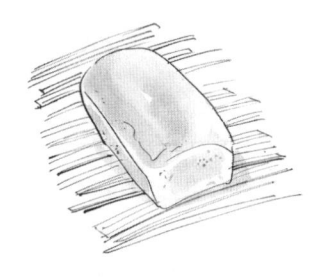

# Pão de capim-santo

Rendimento: 9 pães

## · Ingredientes ·

- 1 e ⅔ de xícara (chá) de leite
- 250g de folhas de capim-santo
- 2 colheres (sopa) de manteiga
- 500g de farinha de trigo
- 2 colheres (sopa) de fermento biológico
- 1 colher (sopa) de açúcar
- 1 colher (chá) de sal
- 2 ovos

## · Modo de preparo ·

Bata o leite com as folhas de capim-santo. Peneire essa mistura e junte o restante dos ingredientes, mexendo até ficar uma massa homogênea. Unte forminhas de pão (13 x 7 x 5 cm) com óleo e farinha de trigo e preencha-as até a metade com a massa. Deixe descansar até dobrar de volume e asse por 15 minutos a 150°C em forno preaquecido. Espere esfriar e desenforme.

# Capítulo 1

# Juntando a fome com a vontade de comer

**MORENA**

Todos os dias tomamos dezenas de decisões relacionadas à alimentação, desde o que comemos no café da manhã até repetir ou não o prato no almoço, jantar salada ou sopa e muitas outras de que nem nos damos conta. A comida está presente de tantas maneiras no nosso dia a dia que nem sempre prestamos atenção em como estamos comendo e por quê. A fome física, aquela que faz a barriga roncar, dá dor de cabeça, tontura e mau humor para sinalizar que o corpo precisa receber alimento, é só um dos estímulos que nos fazem buscar comida. Mas ninguém come somente para abastecer o corpo e manter as funções vitais. Há muitas outras razões.

Comida não é só comida. É carinho, cura, cultura, afeto e construção de memórias. Através da comida transmitimos nossas crenças e nos comunicamos. Comemos para nutrir nossas emoções e relações, por questões culturais e religiosas. Comemos pelo prazer de colocar alguma coisa gostosa na boca, para festejar datas e ocasiões especiais com pessoas que amamos, movidos por memórias afetivas e pela busca de conforto emocional em um dia estressante. O termo *comfort food*, ou o que chamamos de comida afetiva, vem daí. É aquela comida com gosto de infância, que lembra casa de mãe, colo de vó e quase vale por um abraço. Para cada pessoa remete a um prato porque traz uma lembrança e conta uma história que é individual. *Comfort food* para mim é o bolo gelado de ameixa da minha avó, a lasanha da minha mãe. Você consegue pensar em um prato, uma sobremesa ou o cheiro de alguma comida que traz de volta lembranças das festas de família quando era criança ou de quando tinha filhos pequenos? Comer é mais do que um ato fisiológico: também é psicológico. É emocional, além de nutricional.

Nossa relação emocional com a comida tem raízes na luta pela sobrevivência da espécie humana. Quando nossos ancestrais viviam como caçadores-coletores, a comida era escassa e obtê-la era uma atividade perigosa. Era preciso estar sempre alerta para o que poderia ser uma fruta estragada ou uma planta venenosa e para não virar presa, em vez de predador. Nesse ambiente hostil, o ser humano desenvolveu uma forte ligação emocional com o alimento, associando-o à segurança. E pense nos bebês recém-nascidos: choram quando estão com fome ou com sede, fazem careta se não gostam ou não querem mais comida, sorriem e mexem o corpo para indicar prazer e satisfação com o que recebem na boca. Desde que vêm ao mundo, os seres humanos usam as emoções para comunicar suas necessidades de alimentação.

A maioria das pessoas, na maior parte do tempo, não come

de forma consciente, motivada pela fome e pelo que o corpo está pedindo em cada momento. Comemos pelo hábito, levados pelas circunstâncias e pelo que estamos sentindo, de forma impulsiva, no piloto automático, sem estar presente em cada escolha e muitas vezes sem nem pensar no sabor. Quem nunca atacou um bolo de chocolate para aliviar a ansiedade, a tristeza, o tédio ou a solidão? Quem não sabe o que é engolir o almoço sem sentir o gosto porque está pensando no que tem que resolver quando voltar ao trabalho? Quantas pessoas não tomam café para combater o desânimo ou vinho e cerveja quando estão em um encontro com amigos, mesmo sem gostar tanto assim do sabor do café, do vinho e da cerveja? Quando se come assim, o mais comum é fazer escolhas pouco saudáveis, sem pensar na qualidade, na variedade ou mesmo na quantidade.

É claro que está tudo bem em comer bolo de chocolate, bem-casado, tomar vinho ou cerveja com moderação, quando se está com vontade, depois de um dia puxado, em uma festa ou outra ocasião especial. Concessões desse tipo fazem parte do comer saudável quando são opções conscientes e quando são exceção, não regra. O que é problemático é tornar essas e outras extravagâncias um padrão alimentar ou usá-las como válvula de escape sempre que for necessário lidar com situações e emoções desconfortáveis. Comer para aliviar as dores gera um modo distorcido de enfrentar o sofrimento, anestesiando-o, mas sem resolver sua causa. Você pode até se sentir bem de imediato, mas logo o mal-estar volta, junto com arrependimento, culpa e sensação de fracasso por ter perdido o controle. Além de intoxicar o corpo, comer como compensação emocional pouco a pouco leva a pessoa a se distanciar dos sinais naturais de fome, vontade e saciedade (por ignorá-los repetidamente) e se desconectar da sensação de prazer, que é essencial ao ato de se alimentar.

Antigamente, as pessoas dormiam quando estavam cansadas, acordavam quando o corpo pedia, comiam quando sentiam fome. É assim que o corpo foi feito para funcionar. Hoje é normal ficar trabalhando até de madrugada, ignorando o sono e pulando o jantar. Beliscar qualquer coisa, a qualquer hora, sem respeitar o corpo e suas necessidades. É mais ou menos como pegar um cartão de crédito e sair gastando, comprando coisas de que você não precisa como se não houvesse amanhã. O pior: sabendo que vai se arrepender depois.

A vida tem altos e baixos, com momentos em que não podemos controlar como nos sentimos. É normal e humano ter raiva, medo, inveja, insegurança, às vezes muitos sentimentos ao mesmo tempo. O que está em nossas mãos é o que fazer com nossas emoções quando elas surgem. É claro que cometo erros. Quando estou cansada, tenho grandes chances de começar beliscando alguma coisa e não parar mais. Quando pego um voo com fome, nem sempre resisto a atacar um pacote de salgadinho ou a comida servida a bordo, que, dependendo da situação, não é a mais saudável, muito menos a mais gostosa. Aí tenho aquele pensamento conhecido: já enfiei o pé na jaca mesmo, então vou até o fim e amanhã volto a me cuidar. O problema é que isso quase sempre traz sentimentos de derrota, que podem ser tão tóxicos quanto um alimento ruim.

A comida está associada a celebração e felicidade, mas não pode ser a única fonte de alegria na vida. Eu adoro chocolate. Sei que colocar um pedaço na boca vai provocar uma descarga de prazer devido à ação de seus componentes no cérebro, mas é uma sensação momentânea. O paladar se habitua com o sabor, e a repetição da experiência agradável não será intensa còmo na primeira mordida. Não vale a pena devorar uma caixa inteira de bombons. Você só percebe isso quando passa a observar o corpo e se permite saborear a comida, em vez de engolir sem sentir o gosto.

## O que é comer saudável?

Há tanta informação circulando nas redes sociais sobre o que seria uma alimentação saudável que podemos ficar confusos e acabar nos deixando levar por modismos. Começamos a seguir regras do tipo "coma isso" e "evite aquilo" sem saber de onde saíram, se fazem sentido e, pior, sem sequer nos questionarmos se estamos comendo porque gostamos ou porque achamos que é o que deveríamos comer.

Quem definiu que o café da manhã é uma refeição obrigatória? Que o certo é comer de três em três horas? Que todo mundo precisa parar de consumir glúten e lactose? Estou o tempo todo recebendo e buscando informações e novidades sobre alimentação, seja passeando nas redes sociais, conversando com as pessoas ou observando tendências e comportamentos nas minhas viagens pelo mundo. A ciência está sempre descobrindo coisas novas e cada hora pode apontar o mesmo ingrediente como bom ou ruim para a saúde – foi o que aconteceu com ovo, o óleo de coco, o café... Além disso, cada pessoa tem um metabolismo diferente, que faz com que seu organismo responda de determinada forma a um alimento ou hábito. Como poderia haver uma verdade universal, com regras válidas para todo mundo?

Nosso paladar e nossas vontades podem sofrer variações com o tempo, a estação do ano, o lugar onde estamos, o nível de estresse que estamos vivendo naquele momento. Não comemos do mesmo modo no verão e no inverno, nem quando estamos de férias ou mergulhados no trabalho. Se estamos satisfeitos com a vida e tudo está fluindo, comer tende a acontecer sem esforço. Por outro lado, quando alguém se sente infeliz e cheio de dúvidas, há o risco de buscar respostas na comida e tentar comer para preencher vazios que estão na alma, não no estômago. Ninguém é igual o tempo todo, então por que comer sempre as mesmas coisas? Comer saudável é como escolher xampu: se somos rígidos demais e usamos o mesmo por muito tempo, o cabelo se acostuma e o produto deixa de fazer o efeito do início. O importante é entender como o corpo reage àquilo que damos a ele e encontrar uma dieta – no sentido original da palavra, do grego antigo: dieta como modo de vida, e não restrição alimentar – que faça cada um se sentir bem.

Da nutrição tradicional à terapia ayurvédica, da antroposofia à medicina chinesa, passando por ensinamentos de diferentes filosofias, culturas e religiões, tudo me interessa. Do que vejo e aprendo, filtro o que faz sentido para mim, cabe na minha rotina e meu corpo aceita. Por exemplo, meu desjejum ideal na maioria dos dias é um copo de água morna com cúrcuma, um suco verde ou, se acordo com mais fome, mingau de tapioca ou de aveia com banana. Pessoalmente, não me sinto bem comendo muito pela manhã, desde criança sou assim. Me lembro da minha mãe insistindo para que eu comesse alguma coisa antes de ir para a escola, mas não tinha jeito.

A principal refeição do meu dia é o almoço. Por volta do meio-dia minha fome está na máxima potência: capricho nos vegetais e nos grãos (cevadinha, trigo, lentilha, grão-de-bico), aposto em sementes digestivas (girassol, mostarda, coentro), incluo uma carne se tenho vontade. Se vou comer sobremesa ou quero alguma coisa doce fora de hora, frutas me deixam mais feliz do que doces carregados de açúcar e gordura. Amo abacaxi gelado, banana cozida com mel, manga congelada batida até virar um creme.

Não sou de comer muito à noite. Pode acontecer de querer conhecer um restaurante, então saio para jantar. Ou preciso estar presente em algum evento de trabalho e acabo comendo. Mas se estou em casa, tomo um copo de leite morno, um chocolate quente ou belisco alguma coisa leve.

É verdade que já levei bronca do nutricionista porque deveria comer com mais regularidade, beber mais água, consumir uma quantidade maior de alguns nutrientes e tentar fazer um café da manhã mais completo. Ouço as recomendações e busco maneiras de acatá-las respeitando minha fome e meu paladar. Não acho que precise tomar café com leite e comer pão integral com manteiga e mamão papaia toda manhã para ser saudável. Também não tenho que me servir de arroz com feijão todos os dias no almoço, por melhor que seja essa combinação, se nem sempre é o que estou com vontade de comer. É possível encontrar outros jeitos de fornecer ao corpo os nutrientes de que ele precisa sem seguir regras rígidas nem esquecer o prazer.

Não tenho restrição a glúten e lactose, mas me sinto melhor quando passo alguns dias sem consumir pão branco e leite de vaca, que cada vez mais tenho substituído pelo leite vegetal, de aveia. Como não penso em recusar um lindo pão de fermentação natural de vez em quando, um croissant ou uma lasanha à bolonhesa bem-feitos, vou equilibrando minhas escolhas entre o que quero e o que faz sentido naquele momento. Mais do que checar propriedades nutricionais ou calorias, acredito que devemos nos fazer a seguinte pergunta antes de comer alguma coisa: "Isso vai me fazer bem?"

Existem muitos modelos de alimentação considerados saudáveis. Cada pessoa deve encontrar aquele com que se identifica, pois nem tudo que faz bem para uma funciona bem para todas. Quando paramos para escutar com atenção os sinais do corpo, ele nos dá todas as respostas: se estamos com fome ou vontade de comer alguma coisa específica, se já estamos satisfeitos (e podemos parar de comer), se o que tenho é fome, sede ou alguma emoção que estou tentando aliviar comendo.

Eu me sinto bem fazendo jejum intermitente três ou quatro dias na semana. Na prática, janto perto das oito da noite e só volto a comer na hora do almoço do dia seguinte, com exceção de uma xícara de chá que posso tomar à noite e pela manhã nesse intervalo de cerca de 16 horas. Com esse padrão me sinto energizada, disposta e leve, tenho maior clareza mental e fico espiritualmente melhor. Às vezes, é importante se esvaziar para aumentar a percepção de si, de como o corpo reage ao que colocamos dentro dele, o que faz bem e o que faz mal, que tipo de emoção sentimos depois de comer certos alimentos e como diferentes sentimentos interferem no nosso jeito de comer.

Fazer jejum intermitente me dá a sensação de que estou no controle das minhas escolhas e do meu corpo. É também uma forma que encontrei de ajudar meu organismo a se regenerar depois de períodos de exagero, dos quais nem sempre consigo escapar por causa da minha profissão. Estou sempre viajando, fazendo degustações, indo a eventos e reuniões que envolvem comida, onde sempre tem alguém querendo minha opinião sobre uma iguaria ou querendo cozinhar especialmente para mim. Acontece de precisar visitar seis ou sete restaurantes no mesmo dia! É claro que não faço uma refeição completa em cada lugar, mas muitas vezes chego no fim do dia com a sensação de que estou prestes a entrar em um coma gastronômico.

Minha (falta de) rotina é um prato cheio para comer fora de hora, distraidamente, sem sentir fome, em excesso. Preciso ter jogo de cintura para manter uma alimentação equilibrada sem fazer desfeita nem ser indelicada com as pessoas nesses encontros. O que eu faço: dou uma garfada, provo um pedaço, saboreio, mas não como a porção inteira. Imagine se um sommelier for beber uma taça cheia de cada vinho que tem que provar todo dia! Isso sem falar nos ingredientes exóticos com que me deparo. Em uma viagem à Amazônia, fui homenageada em um jantar com mais de dez pratos feitos com carne de tartaruga. Que agonia! Só conseguia pensar no bichinho se movendo devagar, os olhos atentos... E não consegui comer. Enquanto conversava, ia cortando pedaços bem pequenos e jogando na bolsa ou enrolando em um guardanapo, discretamente. Já me serviram carne de cavalo, de canguru, cérebro de não sei o quê. Não tenho esse perfil ousado.

Depois de passar por um tratamento ayurvédico, entendi

que minha digestão é demorada, difícil. Quanto menor a quantidade e maior o intervalo entre as refeições, melhor eu me sinto. Se como muito, fico lenta, prostrada. Nada me deixa mais irritada e ansiosa do que me sentir empanturrada. Acredito que o excesso intoxica o organismo, porque ele não tem tempo para processar o alimento.

A medicina ayurvédica considera a digestão um processo fundamental para a saúde – daí a indicação de priorizar alimentos cozidos e quentes, em vez dos crus e frios, que o corpo processa com mais dificuldade. Não somos aquilo que comemos: somos o que comemos, digerimos e absorvemos – esse é um princípio fundamental do ayurveda. Portanto, não basta encher o prato com alimentos saudáveis, com todos os macronutrientes, vitaminas e minerais necessários. Se não houver tempo para o processo digestivo se completar, a absorção dos nutrientes e a excreção das toxinas serão prejudicadas.

A digestão começa antes mesmo de colocarmos a comida na boca. O simples ato de ver ou pensar em comida – somado aos cheiros e sons do cozinhar – já desencadeia uma série de processos fisiológicos que preparam o corpo para receber o alimento. Depois, a mastigação é uma parte essencial: tem a função de triturar a comida e misturá-la com a saliva para facilitar a deglutição, além de estimular a produção de sucos digestivos. O cérebro e o estômago trabalham em conjunto para realizar a digestão, mas leva cerca de 20 minutos, depois que começamos a mastigar, para o estômago sinalizar ao cérebro que está ficando cheio. Se comemos rápido demais, não damos tempo para o corpo perceber o sinal de saciedade e podemos acabar exagerando na quantidade.

De maneira geral, as pessoas comem mais do que o corpo precisa. E o que mais leva ao exagero é comer sem atenção, fazendo outras atividades, sem mastigar direito e sem ouvir o corpo, que avisa quando está saciado. Há, também, uma questão cultural que dificulta a moderação. Fomos educados com a noção de que as crianças têm que "limpar o prato" e que recusar quando alguém oferece algo de comer ou beber é falta de educação, desfeita ou demonstração de que não está gostoso. Para mim, se o outro diz "não, obrigado", não devemos insistir. Cada um sabe – ou deveria saber – da sua fome. E precisamos respeitar a fome dos outros.

## Banquete para os sentidos

Um cozinheiro habilidoso, seja profissional ou amador, não se preocupa apenas em agradar o paladar ao elaborar uma receita. Em primeiro lugar vem o cuidado com a combinação harmônica de ingredientes e sabores: doce, salgado, amargo, ácido e umami – este último, identificado mais recentemente, corresponde a um sabor intenso, presente em alguns queijos e cogumelos, entre outros alimentos, e não é facilmente reconhecido por todo mundo. Além disso, entram em jogo a escolha de temperos, ervas e técnicas de cocção que ajudam a liberar aromas, o uso de diferentes texturas e temperaturas, até a produção de sons (como em uma crosta crocante). Todos esses são elementos que, quando integrados de forma equilibrada, podem tornar uma receita inesquecível. Mas o estímulo aos sentidos vai além da técnica e da química. Está nas conversas que ouvimos e contamos em volta da mesa, na movimentação barulhenta de panelas e pessoas preparando o alimento e nas lembranças que tudo isso evoca; na presença de quem compartilha o momento com a gente, no cheiro da comida vindo da cozinha, avisando que alguma coisa gostosa está quase pronta.

O processo de criação de um prato envolve várias etapas e muitas pessoas. No meu caso, desenvolvo o conceito e a estrutura geral do cardápio com base nos ingredientes com os quais desejo trabalhar e em outros fatores que me influenciam a cada mudança de estação, como as viagens que fiz e as regiões do Brasil com que mais me identifico em termos gastronômicos (Nordeste, Norte e Sudeste). Considero, ainda, a experiência e as sensações que quero proporcionar e até o que a descrição do prato no menu não deve conter. Isso porque começamos a comer com o cérebro. Não é à toa que sentimos água na boca ao pensar em uma comida apetitosa, sua aparência, consistência e sabor: é o sistema nervoso estimulando as glândulas salivares na expectativa de receber o alimento. Uma explicação sedutora de cada prato no cardápio tem o poder de atiçar a imaginação e aumentar o apetite.

Em um dos momentos finais nessa construção gastronômica entra em ação um profissional que não é necessariamente chef, mas entende da parte visual e cuida da apresentação do prato: pensa no formato, no tamanho e na cor da louça em que será servido, no tamanho da porção e do corte das carnes e dos vegetais, na combinação de cores entre os ingredientes. Comemos com os olhos e, em tempos de redes sociais, para muita gente uma experiência gastronômica só é completa se for fotografada e postada. A ideia é fazer de cada prato uma obra de arte instagramável. Comer é uma experiência sensorial completa, capaz de despertar todos os nossos sentidos.

Só consigo pensar em outra atividade capaz de oferecer prazer, alegria e recrutar todos os nossos sentidos assim como a comida faz: o sexo. Não é à toa que o vocabulário gastronômico se mistura com o amoroso-sexual de várias maneiras. Falamos que uma mulher é gostosa e um homem é gostoso querendo dizer que são atraentes. O verbo comer tem duplo sentido: se alimentar e transar. Casais criam rituais para apimentar a relação. São muitos os exemplos em que a comida é uma metáfora para sexo e sedução.

Comida e sexo têm muito em comum. Ambos são necessidades básicas das quais depende nossa sobrevivência. São experiências de conexão com o outro, celebradas e ritualizadas de muitas maneiras, em diversas culturas. Em excesso, porém, podem chegar ao patamar de dependência e ser prejudiciais à saúde e à felicidade, em vez de benéficas.

Assim como a culinária explora uma variedade de ingredientes, sabores e texturas, o sexo também é diversificado, com posições e formas de intimidade para todos os gostos. "Apetite e sexo são os grandes motores da história, preservam e propagam a espécie, provocam guerra e canções, influenciam religiões, leis e arte", define a escritora chilena Isabel Allende, em *Afrodite: Receitas, contos e outros afrodisíacos*. No mesmo livro, ela faz uma linda comparação entre um jantar e uma noite de sexo:

Um jantar bem pensado é um crescendo que começa com as notas suaves da sopa, passa pelos arpejos delica-

dos da entrada, culmina com a fanfarra do prato principal, seguido finalmente dos doces acordes da sobremesa.
O processo é comparável ao de fazer amor com estilo,
começando com insinuações, saboreando os jogos eró-
ticos, chegando ao clímax com o estrondo habitual e
por fim deslizando em um afável e merecido repouso.
A pressa no amor deixa irritação na alma e a pressa na
comida altera os humores fundamentais da digestão. As
papilas gustativas, assim como os órgãos maiores e outros nem tanto, também se cansam.

# Você está comendo suas emoções?

ARTHUR

*Pratiquei esportes durante muitos anos da minha vida. Comecei jogando basquete no colégio e segui até os primeiros anos da faculdade, quando parei porque era difícil conciliar os treinos e os estudos. Daí em diante, fiquei sedentário por anos, cuidando da família e da profissão, e engordei de forma indecente. Muito trabalho e muitas oportunidades profissionais foram aparecendo. A vida agitada e interessante foi me distanciando de alguns cuidados comigo, como a alimentação. Eu não cozinhava, e em dado momento me separei e passei a morar sozinho. Tinha uma moça que preparava comida para mim em casa, mas não existia muita preocupação com seguir um cardápio saudável. Cheguei aos 50 anos bem acima do peso que tenho hoje, que é como me sinto melhor.*

*Foi assim comigo e é com muita gente, em outras profissões também, não só na medicina. Vivemos em um mundo que nos intoxica e nos distrai de nós mesmos. Hoje é ainda pior do que* era vinte anos atrás, quando retomei minha rotina de esportista e mudei meu estilo de vida. Atualmente vivenciamos um nível inédito de sobrecarga de trabalho generalizada; uma quantidade absurda de informações inunda nossos sentidos e rouba nosso tempo; a competição on-line e off-line para conquistar sucesso, ganhar mais dinheiro e seguidores nas redes sociais só aumenta... A pressão sobre a saúde mental (e física também, pois uma não existe sem a outra) é enorme. Não é à toa que nosso país e o mundo vivem níveis alarmantes de estresse, ansiedade e outros transtornos mentais, inclusive os alimentares.

Pessoas que vivem estressadas e ansiosas, tendo ou não um diagnóstico médico, tendem a negligenciar o autocuidado de modo geral e, em especial, o cuidado com a alimentação. A cabeça cheia de problemas, a falta de ânimo e a vida corrida dificultam a criação e a manutenção de uma rotina saudável. Nesse cenário, a comida (e a bebida também) vira uma espécie de compensação ou uma companhia para os momentos de cansaço, tristeza, ansiedade e solidão, justamente porque traz conforto rápido. O problema é que, quando alguém se sente sobrecarregado, triste ou solitário, o tipo e a quantidade de alimento que consome costuma ser diferente do que está habituado a ingerir quando está mais relaxado. Quase ninguém faz um prato colorido e com ingredientes frescos quando está chateado ou quando chega em casa exausto depois de um dia de trabalho. O mais comum é escolher alimentos com muito açúcar e gordura ou alguma comida pronta – ultraprocessada, carregada de aditivos químicos e hipercalórica. A tendência também é comer muito, sem prestar atenção na quantidade nem desfrutar o prazer que o alimento deveria proporcionar. Tudo isso, é claro, tem

*consequências no peso. Costumo pedir aos pacientes em trata-*
*mento comigo que subam na balança todos os dias de manhã*
*e anotem seu peso, ficando atentos a oscilações importantes.*
*Essas oscilações podem sinalizar questões emocionais que pre-*
*cisam ser resolvidas, mas reconheço que cada caso é um caso e*
*para muitos esse sistema não funciona.*

*Quando decidi mudar meu estilo de vida e perder peso, vinte*
*anos atrás, a primeira providência foi mudar a alimentação.*
*Depois comecei a treinar musculação e corrida, e aí emagre-*
*cer ficou mais fácil. O esporte ajuda a melhorar a qualidade da*
*alimentação de forma natural, porque aumenta a autopercep-*
*ção e o autoconhecimento. Você se exercita, sente fome e, com o*
*tempo, aprende quais comidas, e em que quantidade, vão dei-*
*xá-lo satisfeito sem pesar, o que o faz se sentir bem em determi-*
*nada hora do dia, o que priorizar para render bem no exercício.*
*Você come e perde peso porque está gastando energia.*

*Me tornei triatleta (completei cinco Ironman, competição que*
*compreende 3,8 quilômetros de natação, 180 quilômetros de ci-*
*clismo e 42 quilômetros de corrida, o equivalente a uma mara-*
*tona) e maratonista (corri 16 provas) e por quase vinte anos tive*
*uma rotina pesada de treinos com foco no triatlo e nas marato-*
*nas, o que significa que praticava musculação, corrida, natação e*
*ciclismo com regularidade. Era fácil manter o peso sob controle,*
*assim como atravessar os momentos de estresse e ansiedade no*
*dia a dia. De dois anos para cá, já não treino com objetivo de*
*performance e competição, e isso se reflete na minha dieta, que*
*está mais flexível. Continuo treinando (faço natação três vezes*
*por semana e musculação duas vezes) e me alimentando bem. O*
*jejum intermitente em alguns dias da semana tem me ajudado.*

Acordo por volta das cinco e meia da manhã – na verdade, sou acordado pelo meu cachorro, Franc, um golden retriever de 2 anos, querendo sair para passear. Não costumo comer muito no café da manhã (apenas uma fruta e uma xícara de café), meu almoço é sempre leve (uma salada com alguma proteína) e, no meio da tarde, tomo uma xícara de café com leite. Sou casado com uma chef de cozinha italiana, e praticamente todas as noites o jantar é uma massa deliciosa. Nos fins de semana, bebo uma taça de vinho para acompanhar. De sobremesa, me dou de presente um chocolate pequeno. É preciso dosar o prazer (não passo da primeira taça de vinho) e o autocontrole, pois sei que quando estou acima do peso que considero ideal para mim fico tenso, angustiado e não durmo bem. No peso certo, me sinto disposto para trabalhar, fico mais calmo e até mais amoroso com as pessoas, a vida toda flui melhor. É uma questão de autoconhecimento, estabelecer prioridades e ter equilíbrio.

É difícil separar nossas emoções de nosso modo de comer. Para não dizer que isso acontece sempre para o mal, é só pensar que muita gente, quando está apaixonada, perde o apetite, enquanto há pessoas que comem mais do que o usual, levadas pela intensidade dos sentimentos. A mesma coisa pode acontecer sempre que alguém está ansioso por uma boa causa, como na expectativa de uma viagem muito desejada, de uma entrevista de emprego ou de um encontro romântico. São situações passageiras, e a tendência é voltar à calma (e ao modo de comer de antes) depois de passado o evento tão esperado.

Desde a infância aprendemos a associar certos alimentos a momentos de celebração e conforto. Essas conexões podem durar a vida toda e moldar nossos hábitos alimentares e nossa re-

*lação com a comida, de modo a se tornarem comportamentos automáticos. Quando pensamos nas escolhas alimentares da perspectiva da evolução da espécie, observamos a influência de aspectos externos (como o tipo de solo e o clima, que tornavam disponíveis determinados alimentos), de modificações anatômicas (nos intestinos grosso e delgado e no tamanho do cérebro, por exemplo) e, mais tarde, de alterações comportamentais (como a mudança no horário e na composição das refeições em consequência da agricultura, da introdução da eletricidade e da industrialização). À medida que passou a ter acesso a variedade e poder de escolha, o ser humano foi deixando de basear sua seleção apenas na necessidade física de fome e garantia de sobrevivência, mas nas circunstâncias e em fatores subjetivos, como o estado emocional e memórias ligadas a certos alimentos.*

*Muitas das nossas escolhas na vida e a repetição de certos comportamentos estão associadas aos circuitos de prazer e recompensa no cérebro. No caso da alimentação, essa ligação ocorre por estímulos diversos, que não só o sabor do alimento. Imagine o seguinte cenário: no fim de um dia exaustivo, você chega em casa faminto e encontra uma travessa de batatas fritas na mesa da cozinha, já frias e murchas. Sem se importar, você só para de comer quando não há mais nenhuma. Ou seja, mesmo uma comida de que você nem gosta tanto pode se tornar atraente se a fome, a fadiga e a conveniência entram em cena.*

*Do ponto de vista biológico, nosso corpo tem necessidades alimentares diárias. O gasto energético basal representa a quantidade mínima de energia (em calorias) que o organismo consome em repouso para realizar os processos que nos mantêm vivos. Existem recomendações-padrão do que seria uma inges-*

*tão calórica adequada para homens e mulheres no dia a dia, mas elas não levam em consideração o metabolismo, os hábitos e o perfil de comportamento de cada indivíduo. Não há uma pessoa igual a outra. Um executivo que trabalha em escritório não tem o mesmo gasto calórico diário de um nadador profissional ou de um entregador de comida por aplicativo, e isso faz com que cada um tenha necessidades alimentares únicas.*

*O corpo humano funciona muito mais na base da biologia do que da matemática. É preciso considerar a singularidade de cada um e evitar pensar em números exatos quando se trata de peso e saúde. Subir na balança todo dia, como recomendo a meus pacientes, é apenas um indicador do que eventuais oscilações podem sinalizar.*

*Também seria simplista pensar que existe uma "dieta ideal" ou um modelo de alimentação que seja o melhor para todas as pessoas. Nossas preferências e nosso jeito de comer são influenciados por fatores sociais, psicológicos, geográficos e genéticos. Quanto mais soubermos observar e respeitar tais individualidades, mais nos tornaremos autônomos e donos da nossa fome e da nossa vida.*

# Miniacarajés de capim-santo com vatapá de algas

Rendimento: aproximadamente 50 miniacarajés

## · Ingredientes ·

### Miniacarajé

- 500g de feijão-fradinho e água suficiente para demolhar
- 50g de folhas de capim-santo
- 1l de água
- 1 copo de salsinha picada (talos e folhas)
- 1 maço de espinafre
- 1 maço de couve
- Sal a gosto
- 1 colher (chá) de gengibre picado
- 100g de salsão
- ½ cebola
- 1l de azeite de dendê

## Vatapá de algas

- 30ml de óleo de coco
- 4 dentes de alho
- ½ cebola
- ½ pimentão amarelo
- ½ pimentão vermelho
- Sal a gosto
- 1 colher (chá) de pimenta dedo-de-moça
- 100g de salsão picado
- 1 colher (sopa) de gengibre
- 2 tomates picados
- ½ copo de amendoim
- ½ copo de castanha-de-caju
- 50g de algas Nori
- Salsinha a gosto
- 500ml de leite de coco
- 1 colher (sopa) de azeite de dendê (opcional)

## Vinagrete

- ¼ de abacaxi
- ½ cebola roxa
- 2 limões-cravo (raspas e suco)
- 1 limão-siciliano (raspas e suco)
- 1 limão taiti (raspas e suco)
- 2 colheres (sopa) de salsinha
- 50ml de azeite
- 1 colher (chá) de gengibre

- 1 colher (café) de pimenta dedo-de-moça
- Sal e pimenta-do-reino a gosto

**Para decorar**
- 400g de castanha-de-caju

## · Modo de preparo ·

### Miniacarajé

Deixe o feijão-fradinho de molho em água por 4 horas, escorra e retire a casca. Reserve.

Bata as folhas de capim-santo com a água, peneire e descarte o bagaço. Deixe o feijão-fradinho de molho nesse suco por mais 2 horas. Escorra.

No liquidificador, bata o feijão-fradinho com a salsinha, o espinafre, a couve, o sal, o gengibre, o salsão e a cebola.

Transfira a mistura para uma tigela e bata mais um pouco, à mão, como se fosse um bolo – o objetivo é deixar a massa aerada. Leve à geladeira.

Aqueça o azeite de dendê (coloque uma cebola inteira na frigideira para controlar a temperatura). Na hora de fritar, modele os bolinhos com a ajuda de duas colheres de sobremesa e frite-os até subirem no azeite. Retire o excesso de azeite com papel-toalha.

Para servir, recheie com o vatapá, o vinagrete e decore com a castanha-de-caju.

## Vatapá de algas

Aqueça o óleo de coco e doure o alho. Adicione e refogue a cebola e os pimentões, temperando com sal, pimenta dedo-de--moça, salsão e gengibre. Por último, junte os tomates. Assim que amolecer, acrescente o amendoim e a castanha-de-caju.

Junte a alga, a salsinha e o leite de coco e deixe cozinhar.

Bata tudo no liquidificador e, se desejar, acrescente o azeite de dendê. (Tradicionalmente, o vatapá é feito com camarão seco, mas nesta versão vegana a alga assume o seu lugar.)

## Vinagrete

Corte o abacaxi e a cebola roxa em cubos e deixe marinar no suco e nas raspas dos limões.

Junte a salsinha picada e tempere com azeite, gengibre, pimenta dedo-de-moça, sal e pimenta-do-reino.

Deixe as castanhas de molho em água quente, escorra e use para decorar o acarajé.

# Capítulo 2

# O cuidado é nutritivo

**MORENA**

A palavra restaurante vem do francês *restaurant*, daquilo que é restaurador. Várias teorias explicam a origem do termo. Segundo a mais conhecida, no século XVIII, durante a Revolução Francesa, o termo descrevia um caldo nutritivo servido em pequenos locais a pessoas que precisavam restaurar as forças depois de uma doença ou de um dia cansativo de trabalho. Com o tempo, os estabelecimentos que serviam esses e outros pratos com poder revigorante passaram a exibir na porta o nome "restaurante". Para além do que é lenda ou fato histórico, o que não muda é que comida sempre teve a ver com cuidado e acolhimento. Nascemos e crescemos sabendo disso. Falamos em "dar de mamar" a um bebê e "dar de comer" a alguém que tem fome porque alimentar é doação; é a maior manifestação de amor e generosidade que existe.

Cresci dentro da cozinha, vendo minha mãe fazer comida e servir pessoas, sempre com afeto e respeito tanto pelo alimento quanto por quem ia consumi-lo. Observando nos outros a alegria que existe em comer uma refeição gostosa, aprendi desde cedo que cozinhar é uma ferramenta incrível de conexão, uma forma de fazer carinho e proporcionar felicidade.

Tem coisa mais prazerosa do que mimar um filho ou um amor preparando uma comida que você sabe que ele adora? Não costumo fazer comida para mim quando estou sozinha, mas para minhas filhas eu cozinho feliz. Da mesma forma, quando estou na casa da minha mãe, ela faz questão de preparar pratos que sabe que são meus preferidos, como lasanha, estrogonofe, frango com catupiry.

Também amo cozinhar como forma de presentear pessoas importantes para mim. Se uma amiga faz aniversário, vai casar ou quer celebrar uma conquista importante, é uma alegria oferecer um jantar de presente. Penso no cardápio, vou comprar os ingredientes, arrumo uma mesa linda, preparo a comida. Faço isso também como gesto de gratidão aos meus colaboradores. Já faz alguns anos que, uma vez por mês, cozinho na minha casa para um grupo de mais ou menos vinte funcionários de áreas diversas, do RH aos cozinheiros, dos garçons ao administrativo. É uma forma de integrar a equipe e nutrir nossa relação.

O Capim Santo existe há mais de 40 anos em Trancoso e 26 em São Paulo. Se alguém me perguntar de que eu mais me orgulho nessa jornada, direi que não é dos pratos que criei, dos prêmios ou das críticas elogiosas que recebi, e sim dos vínculos que construí, das amizades que fiz e de todas as pessoas que conheci e que permanecem na minha vida, mesmo que hoje não façam parte do meu convívio diário. Cresci tendo pais muito amorosos e com eles aprendi a me importar de verdade com as pessoas. Tenho uma rotina louca, desempenho vários papéis todos os dias, faço dezenas de coisas e toco muitos projetos ao mesmo tempo, cada semana em um lugar. Só consigo dar conta de tantas funções porque tenho pessoas-chave, em quem confio e a quem posso delegar com segurança.

Um chef é mais do que um cozinheiro, é um líder, um maestro responsável por coordenar um time de pessoas que, juntas, farão algo bonito acontecer. Tenho muito respeito pelo trabalho em equipe e por quem faz parte da minha. Todos os dias na cozinha do restaurante, antes de acender o fogão, fazemos um círculo, nos damos as mãos e expressamos nossas melhores intenções para aquele dia, respeitando quem é do candomblé, quem é judeu, católico e evangélico. Em uma equipe grande e diversa, é importante estar ao lado de todos, prestar atenção nas nossas ações e palavras e nunca esquecer que cada colaborador é, antes de tudo, uma pessoa que traz um pacote de questões emocionais, necessidades próprias e vida além do trabalho.

É muito comum eu estar em um evento, mil coisas acontecendo, funcionários pilhados e mesmo assim me sentir calma, plena. Isso só acontece porque confio no time. No trabalho e fora dele, ter pessoas com quem contar pode nos dar segurança para ousar, tentar e errar, pois sabemos que haverá alguém apoiando e, se precisar, ajudando a consertar o erro ou resolver o problema. Ninguém tem, sozinho, todas as habilidades necessárias para realizar um projeto ou um trabalho; a mágica está na união de pessoas que se complementam. Por exemplo, eu e minha sócia em São Paulo estamos juntas há 18 anos. Brincamos que temos um namoro, não no sentido sexual: nos falamos várias vezes por dia, torcemos uma pela outra, somos carinhosas, elogiamos quando a outra faz algo incrível. Erramos e aprendemos muito juntas e confiamos na nossa sociedade. No universo da gastronomia, onde há tanta competição e egos inflados, é raro manter vivas por tanto tempo uma parceria bem-sucedida e uma relação sincera.

Minhas amigas falam que eu sou a amiga mais ocupada e a mais presente, mesmo se estou do outro lado do mundo. Não perco um aniversário (mesmo remotamente), viajo por horas se alguém precisa de mim. Se uma delas me ligar enquanto estou servindo em um evento para milhares de pessoas, peço licença para atender e saber o que é, se está tudo bem, se é importante. Alimentar relacionamentos verdadeiros me acalma, me dá coragem, me fortalece e faz com que eu me sinta protegida.

Quando alguém senta para comer em um restaurante, seja em um dia de trabalho ou em uma ocasião especial, espera receber atenção e viver uma experiência em torno do comer. Nunca é só uma questão de encher a barriga, mas de se sentir nutrido de cuidado e sensações positivas. A comida tem que estar gostosa, é claro, mas vários outros fatores contam para tornar o momento agradável. Eu adoro fazer o exercício de sair da cozinha e me colocar no lugar do cliente em diversas situações, na jornada que vai desde a escolha do restaurante até a hora de pagar a conta. Penso em como eu gostaria de ser tratada e, a partir daí, em como posso oferecer o melhor serviço possível. Quando a pessoa liga para fazer uma reserva, como é atendida? Ao entrar no site para conhecer o ambiente e o cardápio, como são as fotos e as informações? Como são a *hostess* e os garçons: atenciosos e em sintonia com a vibração do lugar?

E o ambiente? O cardápio é bonito e fácil de ler? Quando o prato chega à mesa, é o que o cliente estava imaginando pela descrição no cardápio? Que sensações a comida provoca, visualmente e no paladar?

Viajando para comer pelo mundo, descubro que existem alguns chefs brilhantes, que dominam as técnicas e são inovadores, mas falham em oferecer ao cliente uma experiência de encantamento. O restaurante pode ter comida boa e preço correto, mas se o atendimento é frio, a música ambiente não agrada, a cadeira é desconfortável ou por algum motivo o cliente não se sente bem no local, não comerá com prazer nem guardará uma memória positiva daquele momento e lugar. E isso pode até mudar o jeito de comer. A pessoa pode comer rápido para acabar logo e ir embora, por exemplo, irritada e sem sentir o sabor, pensando em outra coisa e sem curtir o presente.

A comida mexe com nossas emoções de muitas formas, e não ter as expectativas atendidas na hora de comer pode gerar todo tipo de reação negativa. Por mais tranquilo e educado que alguém seja, nunca se está livre de ficar frustrado e mal-humorado quando a fila de espera na pizzaria no domingo à noite demora horas ou algo no pedido não vem exatamente como se esperava. Eu, que adoro conhecer novos restaurantes e cozinhas de diferentes partes do mundo, certa vez não me conformei em sair decepcionada de um restaurante que estava animada para conhecer em São Paulo. E o que fiz? Emendei um segundo jantar, em um taiwanês que sabia que seria uma escolha certeira. Uma deliciosa exceção à minha vigilância habitual. Tudo para fechar a noite feliz, e não com a sensação de derrota!

## Amor-próprio é o ingrediente principal da vida

Durante muito tempo, sempre que viajava de avião, eu estranhava aquela instrução de segurança segundo a qual, em caso de despressurização da cabine, o passageiro deve, primeiro, colocar a máscara de oxigênio em si mesmo antes de tentar ajudar outras pessoas. Como assim? É claro que primeiro vou acudir minhas filhas, minha mãe e quem estiver no assento ao lado, eu pensava. Com o tempo, entendi o sentido daquela orientação: é preciso estar viva e inteira para poder ajudar quem quer que seja. Se queremos cuidar de verdade de alguém, precisamos, em primeiro lugar, cuidar de nós mesmos.

Todo mundo nasce e cresce querendo ser cuidado e receber amor incondicional. Mas não é o que teremos da vida para sempre, infelizmente. Muitos demoram para compreender isso e vivem em função de atender às expectativas dos outros em troca de carinho e aprovação. Quantas pessoas não mantêm casamentos infelizes por medo de ficarem sozinhas ou para se encaixarem em um padrão socialmente aceito? Quantas mulheres não têm filhos por carência, convenção ou cobrança da família e dos amigos? Quantos pais e mães não projetam nos filhos sonhos frustrados, forçando-os a seguir carreiras ou fazer atividades que eles próprios não conseguiram realizar na vida? Em nome de pertencer e agradar, colocam-se em segundo plano, desconectando-se de si mesmos, de sua verdade e daquilo de que precisam para serem realmente felizes.

Em vez de investir em autoconhecimento, muita gente aposta todas as fichas em respostas externas para suas dúvidas e dilemas – no astrólogo, no tarólogo, em *coaches* de tudo. Responsabilizam a mãe, o parceiro ou a parceira, o chefe e as circunstâncias pelos problemas e insatisfações que enfrentam, mas se recusam a olhar para dentro. Admitir que somos responsáveis por nossas escolhas é o primeiro passo no processo de cuidar de nós mesmos e criar a vida que desejamos. Nem sempre é fácil nem automático, mas é necessário. Só assim podemos começar a nos curar do que nos machuca e adoece.

Muitas vezes repeti a ideia de que nasci para cuidar das pessoas e fazê-las felizes por meio dos sabores, das cores e da "Disney" que criei em torno de como eu vejo e penso a alimentação. Isso me realiza e preenche minha alma, mas mudei ligeiramente meu discurso: percebi que tenho que cuidar de mim e da minha relação com a comida para cuidar cada vez melhor de alguém. Ainda estou envolvida nesse aprendizado.

Cozinho para os outros, mas não consigo cozinhar para mim nem comer de forma natural. Cozinhar para si é um gesto de amor-próprio. Olhando para trás, penso que eu talvez não tenha mesmo aprendido a importância de praticar o autocuidado. Sempre me senti plena na posição de servir, de pensar primeiro no outro e em como fazê-lo se sentir bem, de só sentar para comer depois de garantir que todos tivessem terminado. Com isso, não desenvolvi a capacidade de me priorizar, me proteger e me acolher em minhas necessidades e limitações. Comecei a treinar recentemente, com pequenas ações diárias que ajudam a me colocar em estado de presença: respirar para me acalmar, passar um óleo cheiroso no corpo depois do banho, parar para comer quando tenho fome e parar de comer quando estou satisfeita, lembrar de beber água.

Nosso corpo é nosso lar, a morada de nossa alma. Precisamos ter consciência daquilo que escolhemos levar para dentro dele. Isso não tem a ver somente com o modo como nos alimentamos, mas com tudo que consumimos, as companhias de que nos cercamos, as palavras que usamos, os pensamentos e as emoções que cultivamos. Se começo a ver um filme e acho muito violento, paro de assistir porque não quero absorver essa energia. Se alguém se aproxima de mim para falar mal de outra pessoa ou reclamar gratuitamente, dou um jeito de me afastar, pois não quero me contaminar com sentimentos que não me pertencem. Você aguentaria morar em uma casa suja, trabalhar todo dia em um escritório bagunçado ou rodar em um carro caindo aos pedaços? Manter o corpo e a alma saudáveis é, para mim, higiene em um sentido amplo, além de uma questão de amor-próprio e autorrespeito.

Tem uma música que adoro da cantora pernambucana Flaira Ferro, "Me curar de mim", que fala de como insistimos em nos fazer mal e, muitas vezes, com nossos hábitos e comportamentos, nos tornamos nosso maior inimigo. Ela embalou a produção deste livro, porque fala um pouco do que ele representa para mim: um processo de cura. Alguns dos versos que mais me tocam dizem assim:

*Fiz em mim uma faxina*
*E encontrei no meu umbigo*
*O meu próprio inimigo*
*Que adoece na rotina*

*Eu quero me curar de mim*

*Pra me encher do que importa*
*Preciso me esvaziar*
*Minhas feras encarar*
*Me reconhecer hipócrita*

*Mas se eu não tiver coragem*
*Pra enfrentar os meus defeitos*
*De que forma, de que jeito*
*Eu vou me curar de mim?*

Sabemos como nossa relação difícil com a comida pode ser uma compensação ou fuga por termos dificuldade para lidar com raiva, medo, culpa, tristeza e outras dores emocionais. Por isso é tão importante olhar para dentro, encontrar onde está o vazio em nós para, então, buscar formas de preenchê-lo de um jeito apropriado. Podemos nos alimentar de muitas fontes de energia para nutrir nossa alma: praticar esporte, dormir bem, fazer um trabalho social, passar tempo com os amigos e com a família, ter um hobby ou uma atividade que dê prazer e sentido à vida.

A neurociência explica que existe uma espécie de "química da felicidade", isto é, substâncias produzidas no cérebro (os neurotransmissores) quando realizamos ações e estamos em situações específicas e que desencadeiam estados de humor positivos, bem-estar e relaxamento. Quem pratica esportes com frequência fala bastante da sensação de prazer e até de alívio da dor proporcionada pelas endorfinas, uma dessas substâncias químicas. Fazer exercícios também libera serotonina (assim como meditar, dar risada, tomar sol) e dopamina (assim como aprender coisas novas e alcançar metas). A ocitocina é mais um desses neurotransmissores e é liberada em momentos que pressupõem interação social e vínculo afetivo, como abraçar, receber uma massagem, fazer sexo e realizar trabalhos sociais e voluntários. Essas substâncias não ficam ativas o tempo todo no organismo, elas ligam e desligam de acordo com gatilhos de determinadas atividades. Por isso é importante preencher a rotina com situações favoráveis à liberação delas.

No Japão, mais especificamente no arquipélago de Okinawa, no sul do país, muitos acreditam que o segredo da longevidade com qualidade de vida é o *ikigai*, que pode ser entendido como um propósito de vida ou uma razão para acordar todos os dias e se manter motivado. Não é só uma questão de viver muitos anos, mas vivê-los com entusiasmo e vitalidade, satisfeito com a vida que se tem. Meu *ikigai* é servir: me realizo e me divirto criando e levando às pessoas experiências especiais que envolvem a comida.

Segundo a filosofia *ikigai*, é possível acrescentar sentido à vida começando por ações simples, mas que muitas vezes passam despercebidas no cotidiano, de tão obcecados que vivemos por conquistar sucesso e objetivos grandiosos. Esquecemos de apreciar pequenas coisas que podem trazer grandes doses de alegria, como beber um copo de água quando temos sede, tirar os sapatos ao chegar em casa depois de um dia cansativo, conversar com alguém querido.

Okinawa é uma das chamadas Zonas Azuis, cinco regiões do planeta identificadas por cientistas e demógrafos que concentram um número de pessoas centenárias acima da média mundial. A ilha da Sardenha, na Itália; Nicoya, na Costa Rica;

Loma Linda, na Califórnia; e Icária, na Grécia, são as outras. Analisando o estilo de vida dos moradores desses locais, descobriu-se que eles cultivam hábitos em comum, além de viverem com propósito: têm uma rotina fisicamente ativa (o que não tem a ver com frequentar academia ou correr maratonas); sabem relaxar e manejar o estresse; comem pouco (até se sentirem quase cheios, nunca empanturrados), seguem uma alimentação baseada em vegetais e bebem com moderação; nutrem relacionamentos significativos e uma vida em comunidade.

Tenho bastante a melhorar em relação aos meus hábitos, mas estou comprometida com o desafio. Trabalho mais de 12 horas por dia, e no pouco tempo que sobra quero ficar com minhas filhas, já que escolhi ser mãe e curto muito esse papel. Não faço atividade física (embora os planos de começar estejam sempre no meu radar...) e durmo bem menos do que deveria. Com a vida nômade que tenho levado nos últimos anos, meu maior desafio é criar uma rotina. Ter horários regulares para realizar as atividades básicas (comer, se exercitar, descansar) é uma forma de manter nosso relógio biológico sincronizado – quanto mais regulado, melhor para a saúde e o bem-estar. Sem isso, nosso ritmo fica bagunçado e o organismo se desequilibra.

Estou sempre fazendo malabarismos para cumprir uma agenda de compromissos enquanto tento me encaixar no fuso horário local e, com isso, dificilmente escapo de fazer reuniões tarde da noite ou de madrugada, dependendo do lugar onde estou. O sono acaba ficando muito prejudicado. Passo bem descansando três ou quatro horas em uma noite se na seguinte puder dormir por dez ou quinze horas direto, mas hoje sei que isso não é suficiente, muito menos o ideal, para manter o organismo funcionando bem. O sono não tem banco de horas: o que foi perdido não pode ser recuperado nem compensado depois. Ouvi isso de uma médica, em tom de puxão de orelha. Mentalmente, tenho o entusiasmo e a disposição de uma criança, e às vezes esqueço que meu corpo é o de uma mulher com mais de 40 anos, com uma estrutura e um ritmo que precisam ser respeitados. O que tento fazer para me manter organizada mental e fisicamente em meio à falta de rotina é criar meus rituais: vestir branco na sexta-feira, jantar pizza todo domingo e comida japonesa na segunda, beber uma xícara de chá com leite de aveia pela manhã, ter meus cheiros preferidos sempre comigo, por exemplo. São pequenas coisas que consigo fazer estando em Pequim ou em Trancoso.

## Uma parábola sobre empatia e ajudar o próximo

Acredito que a vida é uma troca: devemos tratar os outros como gostaríamos de ser tratados e fazer o bem se esperamos recebê-lo também. Está na cabala, conjunto de ensinamentos que tem suas raízes do judaísmo, mas reúne a sabedoria de diversas tradições religiosas para apontar caminhos que levam à plenitude e à felicidade. Se queremos receber coisas boas, precisamos passá-las adiante; dar e compartilhar para obter energias positivas.

Procuro praticar isso todos os dias cuidando das pessoas à minha volta e do planeta. Antes de tomar uma decisão que envolve um colaborador ou parceiro, por exemplo, tento me colocar no lugar dele e me questionar: eu estaria confortável ali? Não desejo nunca ter a sensação de que estou prejudicando ou querendo me dar bem às custas de alguém ou de alguma situação. Busco criar a mesma relação de equilíbrio e troca com a Terra, que nos dá os alimentos e a vida: ela é fértil e generosa, mas precisamos devolver o cuidado na mesma proporção. Não adianta querer colher um vegetal ou pescar um peixe e depois largar, parar de adubar, jogar lixo, abandonar.

No mundo dos chefs de cozinha, até alguns anos atrás existia muita vaidade e pouca preocupação com o bem-estar coletivo. Isso está mudando (ainda bem!) e há uma nova geração de profissionais com consciência de sua responsabilidade na preservação do planeta, na atenção e no relacionamento com colaboradores, clientes e parceiros, entendendo como tudo isso se reflete na construção de um mundo melhor. Mais do que ser os melhores do mundo, eu e muitos colegas chefs estamos preocupados com o que podemos fazer hoje para sermos melhores para o mundo. Na verdade, isso deveria estar na mente de todas as pessoas, como consumidores e profissionais de qualquer área de atuação. Temos que pensar que tudo que compramos (alimentos, roupas, produtos de beleza, limpeza e de todas as categorias) gera um impacto no planeta para ser produzido. É nossa obrigação como cidadãos procurar conhecer pelo menos o básico da cadeia produtiva (métodos, pessoas envolvidas, cuidado com o meio ambiente) daquilo que consumimos e buscar fazer escolhas conscientes.

Certa vez ouvi uma história que resume a crença de que a felicidade está em ajudar e poder ser ajudado quando se precisa. Ela é assim: um homem morre, e Deus o convida para conhecer o inferno e o céu. Chegando ao inferno, ele vê uma mesa farta de comidas deliciosas, mas ninguém toca nela. As pessoas estão todas tristes e emburradas, ficam salivando e não comem nada. Ao mesmo tempo, percebe que elas têm os cotovelos virados para fora, de modo que não conseguem levar a comida até a boca. Saindo do inferno e entrando no céu, o homem observa um cenário parecido: um banquete maravilhoso e pessoas também com os cotovelos invertidos. A diferença é que ali estão todos alegres e se divertindo. O homem acha estranho e quer saber por que ali os comensais estão felizes, se também não conseguem dobrar o braço. Ao que alguém responde: a diferença é que aqui levamos o alimento à boca uns dos outros.

# Os múltiplos sentidos de nutrir

## ARTHUR

*Como todo mundo, de vez em quando eu tenho momentos de mau humor ou irritação porque alguma coisa chata aconteceu no meu dia ou algo não saiu como eu gostaria. Mas sou um homem de sorte. Em muitas dessas ocasiões, chego em casa e minha esposa, percebendo meu estado de espírito e disposta a me agradar, prepara uma de suas especialidades que sabe que eu adoro – pode ser uma massa à carbonara, um risoto de funghi ou uma simples massa ao alho e óleo. Meu humor muda na mesma hora. Às vezes, um ovo mexido ou um sanduíche bastam para me deixar alegre e satisfeito. O ato de se alimentar bem e, mais ainda, ser alimentado por alguém que preparou a comida como gesto de amor tem uma espécie de poder curativo. Estou convencido de que não sou o único a sair da mesa emocionalmente nutrido: a comida é capaz de trazer felicidade tanto a quem a prepara quanto a quem a saboreia.*

*No processo de produção deste livro, que incluiu vários encon-*

*tros com Morena em São Paulo e em Trancoso, uma das coisas mais agradáveis para mim foi sentarmos juntos para almoçar. Eu não precisava me preocupar em olhar o cardápio: ela simplesmente fazia meu prato com a maior naturalidade e me deixava muito confortável, sempre acertando meu gosto. O que me encantava nessas horas não era apenas a comida em si, mas a sensação de ser cuidado e acarinhado. Morena havia entendido meus gostos e levava isso em consideração.*

*Temos em comum, Morena e eu, o prazer de acolher e cuidar: ela, preparando receitas culinárias; e eu, com receitas médicas e uma proposta de qualidade de vida. Fizemos disso nossa missão de vida e somos muito realizados. Quando recebo um paciente pela primeira vez, olho no fundo dos olhos dele para tentar decifrar sua dor psíquica e entender como posso ajudar. Como está a cabeça dele? De que ele precisa para ficar bem? Meu diferencial como médico talvez esteja em não me contentar com o que o paciente descreve em palavras e querer ir além. Não é todo mundo que faz isso – essa é uma habilidade desenvolvida em anos de prática atendendo pessoas. A seu modo e em sua realidade, Morena tem a mesma sensibilidade para ler aqueles que estão ao seu redor e entender o que fazer para deixá-los felizes.*

*Para encorajar pacientes a se cuidar, preciso lidar com o fato de que não existem dois seres humanos iguais. Aí entra a arte do médico: saber como tratar cada um. Com alguns, ser mais doce; com outros, mais incisivo. Pela natureza dos quadros graves que atendo, na maioria das vezes preciso ser firme, antipático até. Falo o que a medicina pode assinar embaixo, mas pinto em cores intensas e não economizo palavras. Se sei que alguém tem algum risco de morrer mais cedo por causa do estilo de vida que está levando, digo que está morrendo aos poucos, que está pegando um atalho para a morte. Nem todos se chocam, muitos rebatem dizendo que todos nós morreremos um dia. É verdade, eu respondo, então para que gastar dinheiro com psiquiatra? Que não contem comigo em seu projeto de suicídio lento, pois meu objetivo é outro: trabalhar pela vida.*

*Quando se trata de questões de saúde mental, ainda mais do tipo de problema que é minha especialidade, existe uma enorme falta de coragem das pessoas para começarem a se cuidar. Agendar uma consulta é um passo e tanto – muitas vezes nem é o próprio paciente que faz isso, mas o parceiro ou a parceira, o pai ou a mãe, um filho, um amigo ou até o chefe. Quando o paciente está sentado na minha frente, já é uma vitória, pois é comum adiarmos e fazermos todo o possível para nos distanciarmos dos nossos problemas. Estou acostumado a lidar com pessoas poderosas – CEOs de grandes empresas, atletas olímpicos, políticos, intelectuais, artistas e gente muito rica, que acha que poder e dinheiro compram tudo. Mas a verdade é que elas têm as mesmas dificuldades e o mesmo medo de enfrentá-las. Dinheiro serve para melhorar a mobilidade na vida e viajar a qualquer lugar de primeira classe, entre outros prazeres e privilégios, mas não compra as coisas mais importantes: sono, bem-estar, amigos, libido, satisfação com o trabalho e tantos outros bens intangíveis que formam a base da felicidade e da qualidade de vida.*

*Quando dinheiro não é problema, muitas vezes a falta de disciplina é. Pacientes estão entre as pessoas mais impacientes que existem, querem tudo para ontem. Mesmo reconhecendo que a vida não está boa e que há muito o que melhorar, têm dificul-*

*dade para estabelecer prioridades e se organizar para criar uma rotina de bons hábitos. Muitos não têm motivação para se levantar cedo ou para fazer exercícios sozinhos, por exemplo, o que pode ser resolvido contratando um personal trainer ou entrando para um grupo de corrida ou de assessoria esportiva. O compromisso firmado com alguém que estará esperando dá um empurrãozinho para ir em frente.*

*De qualquer modo, o papel do profissional da saúde é fundamental no processo de mudança de estilo de vida. Seja psiquiatra, psicólogo ou personal trainer, ele deve andar junto com o paciente. Não podemos trabalhar por ele nem mudar seu comportamento, mas apontar caminhos e apoiar a jornada, ajudando a estabelecer metas que façam sentido para cada um e mostrando que mesmo pequenas conquistas nos ajudam a alçar grandes voos. O importante é não desistir de si mesmo.*

*Nas consultas, ao investigar a rotina de um paciente para orientar um tratamento, costumo ir direto a um ponto que considero fundamental: a libido. Muitos se espantam, ficam sem graça para responder ou falam que não têm problema algum com isso, mas nem sempre é a verdade. Obviamente, não pergunto por curiosidade, mas porque a disposição para o sexo (ou melhor, a falta dela) pode ser a ponta do iceberg para entender como está a qualidade de vida daquela pessoa. Se atendo um homem jovem e bonitão que me conta não ter vontade de transar com ninguém, é claro que isso pode ser uma opção ou se dever a uma fase de pouco interesse, mas não é o mais comum. Viver estressado, ansioso e com a cabeça cheia de preocupações interfere no funcionamento dos hormônios, incluindo os sexuais (testosterona e estrogênio), e pode levar à diminuição da libido.*

*Além disso, sedentarismo, má alimentação, excesso de bebida alcoólica e uso de medicamentos psiquiátricos sem prescrição médica podem interferir na autoestima e no interesse em atividades prazerosas, inclusive no sexo. Quando alguém não gosta de si mesmo a ponto de abandonar o cuidado com a própria saúde e o próprio corpo, fica difícil gostar de outra pessoa e querer se envolver intimamente com ela.*

*Não é a frequência de relações, o número de parceiros ou a quantidade de orgasmos que deve definir se a rotina sexual está boa ou não, mas quanto a pessoa está satisfeita com o estado das coisas. Algumas podem até viver muito bem sem sexo. O importante é entender de que cada uma precisa para ser feliz e o que pode ser feito para realizar seus desejos. Não existe certo e errado quando se trata de sexualidade, mas esse assunto continua sendo um enorme tabu. Muitos se deixam guiar por imposições sociais, religiosas e culturais, além de opiniões alheias, que os impedem de fazer o que querem na intimidade porque associam o sexo a sentimentos de culpa, vergonha e medo de julgamento. Não precisa ser assim. A vida sexual é um importante indicador de qualidade de vida e impacta nossos sentimentos e nosso comportamento. É importante quebrar o preconceito e começar a falar disso abertamente, tanto em casa quanto no consultório.*

*Assim como a comida, a vida precisa de certos ingredientes para ficar mais saborosa. A diferença em relação às receitas culinárias, que podemos copiar da internet ou do livro de outra pessoa, é que a receita para uma vida plena e feliz é totalmente individual. Cada um precisa descobrir quais temperos e em quais medidas levarão ao resultado desejado. Para uns, a satisfação pode estar ligada ao esporte; para outros, à prática de* algum tipo de espiritualidade, a ter tempo suficiente para conviver com amigos e familiares, a um trabalho que faça sentido, uma atividade filantrópica ou voluntária, à comida ou à busca pelo sucesso financeiro. Todos esses elementos são importantes. O que precisamos experimentar até descobrir é nossa "fórmula" pessoal, aquilo que nos conecta com uma sensação de contentamento, paz interior e relaxamento.

Sendo ou não um profissional da saúde, se alguém pretende ajudar outra pessoa a se cuidar precisa, antes de tudo, cuidar de si mesmo. Temos que ser o exemplo e a inspiração. Assim que percebi, a partir da minha própria experiência, que praticar esporte torna a vida melhor em todos os aspectos e que a nutrição adequada ajuda a elevar a disposição e o rendimento no exercício, decidi incluir esses dois elementos, a atividade física e o cuidado com a alimentação, na recuperação de pacientes. Aqueles que têm um transtorno mental tendem a achar que o problema deles está na cabeça e, por isso, não precisam cuidar do corpo. Mas há séculos repetimos a citação latina "Mens sana in corpore sano" para dizer de que é feita uma vida verdadeiramente saudável: mente e corpo precisam estar em equilíbrio.

Eu não inventei nada, apenas apurei minha percepção para a importância dessa combinação de coisas. O esporte, ainda mais quando praticado com objetivo de competição, pode ser uma grande fonte de inspiração para superar limites. Quando admiro um atleta, fico curioso para saber que tênis ele usa, quem é o treinador dele, o que come antes e depois de treinar, que provas gosta de disputar. Alguém comprometido com a própria evolução pegará essas e outras informações para entender o que é possível aplicar na sua realidade também. Quanto à alimentação, ao ganhar mais consciência do que e de como come, você passa a prestar atenção ao que deveria comer menos ou mais, como o corpo reage aos alimentos e como isso interfere na prática esportiva. A prática do autocuidado é um círculo virtuoso. Vencida a resistência em dar o primeiro passo, você começa a colher benefícios e resultados que o motivam a persistir.

# Ceviche de peixe com palmito pupunha e coco seco

Rendimento: 4 porções

## · Ingredientes ·

- 1 cebola roxa pequena picada
- 1 limão-cravo (raspas e suco)
- 1 limão-siciliano (raspas e suco)
- 1 limão taiti (raspas e suco)
- Sal e pimenta-do-reino a gosto
- 1 colher (chá) de pimenta dedo-de-moça, sem sementes e picada fininho
- 50ml de azeite
- 200g de filé de peixe branco cortado em cubos
- 200g de palmito pupunha fresco cortado em cubos
- 200g de coco seco cortado em cubos pequenos
- 1 colher (sopa) de gengibre picado fininho

- 150ml de leite de coco
- 1 colher (sopa) de salsinha picada
- 2 cocos secos partidos ao meio

## · Modo de preparo ·

Marine a cebola em metade do suco e das raspas dos limões por meia hora. Escorra, descartando o líquido.

Adicione o restante do suco e das raspas dos limões e todos os demais ingredientes, misturando bem. Leve ao congelador por meia hora e sirva nas metades de coco seco.

## Capítulo 3

# Diz-me como comes
# e te direi quem és

**MORENA**

Certa vez alguém me definiu de um jeito com que me identifiquei totalmente: estou sempre trabalhando e nunca trabalhando, sempre de férias e nunca de férias, sempre cansada e nunca cansada, sempre de dieta e nunca de dieta. Sou assim também no modo de comer, feita de contrastes e contradições. Penso e falo em comida o dia inteiro e minha maior felicidade é dar de comer às pessoas, mas como menos do que seria de se imaginar para alguém que está em contato com comida quase o tempo todo. Tem dias em que belisco muito, depois fico um ou dois me alimentando com muita moderação. Outra característica minha é ser controladora no trabalho e na vida. Gosto de dar a palavra final e admito que algumas vezes posso ser um "trator" ao querer as coisas do meu jeito. Na alimentação, estou sempre vigilante do que e quanto como e me culpo quando passo do limite. Sei que não é o ideal e venho trabalhando nisso.

Em tantos anos servindo pessoas e observando seu comportamento à mesa, pude comprovar diversas vezes que nosso paladar é um reflexo da nossa personalidade. Quem primeiro falou sobre isso foi o gastrônomo francês Jean Anthelme Brillat-Savarin, no livro *Fisiologia do gosto*: "Diz-me como comes e te direi quem és." Acredito que as escolhas alimentares revelam não só preferências de sabor, mas o modo de agir frente à vida, valores e aspectos fundamentais da identidade. Por exemplo, pessoas curiosas e abertas para viver experiências diferentes são ousadas e gostam de provar sabores e pratos novos, enquanto aquelas mais fechadas e medrosas têm resistência a experimentar texturas, ingredientes e receitas que fogem ao que já conhecem.

Não é possível generalizar que certas características de personalidade estejam associadas a determinado paladar ou preferência, afinal, cada ser humano come influenciado por sua biologia, suas experiências e memórias individuais. Além disso, o comportamento alimentar depende de muitas variáveis. Esse é um assunto complexo. Ainda assim, percebo que existe uma tendência a essa relação em muitas pessoas com quem convivo e converso.

Praticantes de esportes, que precisam de disciplina para organizar a rotina e gerenciar o tempo de treinos e descanso a fim de manter um bom desempenho e alcançar suas metas, estendem essa característica aos hábitos alimentares, até como uma condição para obter o rendimento desejado. Arthur é um exemplo de pessoa regrada para comer. Atento às variações de peso, faz boas escolhas, quase não consome açúcar, se alimenta de acordo com o que o corpo pede, sem exagerar na quantidade, mas sem abrir mão de certos prazeres. Quando nota que exagerou, sabe compensar depois para não sentir desconforto.

E tem uma rotina organizada, com horários regulares para acordar e ir para a cama e hábitos que ajudam a dormir bem e ter um dia tranquilo (mesmo com a agenda sempre cheia). Um desses hábitos é fazer toda noite uma lista com as tarefas do dia seguinte – uma forma de desocupar a cabeça e não prejudicar o sono.

Tenho conhecidos com paladar infantil, isto é, que preferem comidas simples e conhecidas e tendem a evitar sabores novos e complexos. Muitos trazem fragilidades emocionais que vêm do passado, ansiedade e emoções negativas ligadas a certos alimentos. A comida funciona para eles como um porto seguro, um lugar de previsibilidade e controle.

Entre tanta gente que conheço, poucos são os que se alimentam de forma equilibrada e natural, no sentido de comer sem esforço e sem pensar muito, assim como respiram. Para eles, o comer não gera ansiedade nem autocobrança. Minha mãe, Sandra, é uma dessas pessoas. É uma pena que eu não seja assim. Para ela, a comida é sempre um prazer. Ela nasceu e cresceu no Vale do Ribeira, em São Paulo, região que, pela proximidade do mar, tem uma culinária com raiz caiçara, baseada em peixes e vegetais. Isso, somado à origem libanesa da minha avó materna, fez com que a alimentação na casa da minha família naquela época fosse bastante diversificada e sem qualquer restrição. Quando minha mãe saiu de lá para a capital paulista, para fazer cursinho e entrar na faculdade, se tornou adepta da dieta natural e macrobiótica porque gostava e porque era mais acessível para o bolso de uma estudante. Mas isso não a impedia de comer, feliz, uma feijoada ou carne de porco quando voltava para visitar os pais.

Da mesma forma, ela é maleável e se adapta facilmente às situações e às pessoas, sem lutar contra o que não pode controlar nem chorar sobre o leite derramado se alguma coisa não sai como gostaria. Apenas respira fundo e busca um modo de gerenciar as demandas e os desafios sem se desesperar. Nisso somos parecidas. Foi assim que construiu a própria história ao chegar em Trancoso muito jovem, com meu pai, os dois sem dinheiro nem planos a não ser sobreviver de um modo coerente com suas crenças. A vida quis que minha mãe abrisse um restaurante e tivesse que interagir com bastante gente o tempo todo, mas, no íntimo do seu ser, Sandra gosta de silêncio e solitude. Ela dança conforme a música, com leveza e equilíbrio.

Daniela Filomeno, amiga e jornalista, é outra que come com entusiasmo e sem restrições. Ela, que vem de família mineira e italiana e leva a sério a mesa farta e a união em torno do alimento, juntou a paixão pela comida à curiosidade por história, cultura e arte e se tornou uma das jornalistas mais importantes na cobertura de gastronomia e viagens no país.

Além de gostar de cozinhar e comer, Dani, assim como eu, ama explorar todo o conhecimento que existe por trás de um prato, seja uma receita milenar ou uma inovação gastronômica. Por isso adora conversar com chefs e pequenos produtores de alimentos e viajar pelo mundo. Fazer dieta é algo que está fora do vocabulário dela, que aprendeu, por criação familiar e dever do ofício, a comer respeitando o próprio paladar e certos valores – não come bichos em extinção nem pescados obtidos de forma predatória, por exemplo.

Já outra amiga, uma grande empreendedora da área de

eventos e influenciadora digital, teve a personalidade forjada em uma relação conturbada com a comida desde cedo. Ela desenvolveu um quadro de compulsão na adolescência, depois da morte trágica do pai. Conta que recebeu a notícia à tarde e passou a madrugada inteira comendo.

A partir dali, o comer noturno virou um hábito, algo que a ajudava a aliviar a tristeza. Até hoje, depois de anos de terapia e acompanhamento médico, essa amiga querida se esforça para desenvolver uma relação confortável com a alimentação, alternando entre momentos de controle e descontrole, de consciência e inconsciência da importância da comida na vida dela. Isso fez com que emagrecesse e engordasse inúmeras vezes, que fosse das roupas PP às GG e enfrentasse todo tipo de discriminação que uma pessoa gorda sofre em nossa sociedade.

O sentimento de inferioridade, principalmente no meio profissional, a levou a querer se destacar em alguma coisa para ser aceita e respeitada, inclusive por si mesma. Ela sentia que precisava mostrar que seu valor não estava no corpo ou na estética, mas na ética, na empatia e na relação respeitosa que constrói com as pessoas. Nessa batalha pessoal para provar que o corpo fora do padrão não a define nem determina sua capacidade, minha amiga se jogou no trabalho a ponto de algumas vezes perder a mão da intensidade e acabou tendo um burnout. Hoje ela sabe reconhecer seus limites, dizer não e parar quando percebe que está exagerando. De alguma forma, o problema com a comida acabou mostrando caminhos para que chegasse aonde chegou e se tornasse bem-sucedida profissionalmente. Caminhos árduos, mas que funcionaram para ela.

# É de pequenino que se torce o pepino

Como falei antes, nasci em uma família de origem libanesa. Minha avó fazia uma comida de aromas frescos e picantes, com bastante limão, salsinha e especiarias que perfumavam a casa inteira. Quando eu era criança, meus pais já seguiam uma alimentação macrobiótica e antroposófica, então me lembro de desde sempre comer muitos arrozes e grãos, farofas com legumes e uma variedade enorme de frutas, quase tudo colhido no quintal de casa.

Nas férias de verão, quando Trancoso borbulhava de gente e meus pais trabalhavam muito, eles me despachavam para a casa do meu avô em Registro, no Vale do Ribeira, região produtora de bananas de vários tipos. Lá, ele e minha avó tinham uma sorveteria e eu passava os dias vendo-o fazer sorvete de banana-ouro. Até hoje guardo o cheiro na memória. A cidade é marcada pela colonização japonesa (quando veio do Líbano para o Brasil, meu bisavô trabalhava negociando a exportação de chá junto aos agricultores japoneses da região), então essa comida também fazia parte do dia a dia. Quando resgato essas e outras histórias pessoais em aulas e palestras para contar de onde vêm minhas referências gastronômicas, muita gente se espanta: "Quem é essa baiana louca, que mistura comida nordestina, libanesa e japonesa?" Mas é isso mesmo! Todas essas influências estão presentes tanto no meu paladar quanto na cozinha que eu faço hoje: colorida, doce e cítrica, *caliente* e gelada, crocante e cremosa, executada com ingredientes brasileiros e inspirações do mundo inteiro.

Todo o repertório de lembranças e sensações relacionadas

à alimentação que acumulamos da infância até a vida adulta molda nosso paladar e nosso jeito de comer. Os hábitos e a relação que cada um de nós tem com a comida são uma herança de tudo que aprendemos com nossos pais e avós, da convivência com amigos e comunidade, da imersão no meio geográfico, cultural e religioso onde crescemos e até de como a televisão, o cinema, a publicidade e as redes sociais mostram a comida. Por exemplo, em regiões de clima quente, como a Bahia e algumas partes da Índia, come-se tudo com bastante pimenta, enquanto em regiões frias da Europa a comida preferida tende a ser mais rica, caldosa e calórica.

A preferência de uma pessoa por certos sabores começa a se estabelecer quando ela está na barriga da mãe, influenciada pela dieta materna durante a gestação. Os sabores e os aromas dos alimentos que a grávida consome chegam ao bebê pelo líquido amniótico (que envolve e protege o feto no útero), permitindo que ele "experimente" antes mesmo de nascer. Isso é possível porque as papilas gustativas começam a se desenvolver por volta da sétima ou oitava semana de gestação. Diversificar a dieta na gravidez, ingerindo comidas saudáveis e gostosas, é uma maneira de estimular e ampliar a aceitação de mais alimentos desde cedo pelos filhos. Depois vem a amamentação: o leite materno carrega a força e as informações da dieta da mãe e é o único alimento que, sozinho, é capaz de fornecer toda a gama de nutrientes de que os seres humanos precisam para se desenvolver nos primeiros seis meses de vida. A partir daí, estamos liberados para experimentar diferentes sabores e texturas e, como seres onívoros – que podem comer de tudo, ao contrário dos herbívoros e carnívoros –, é com uma alimentação variada que nosso corpo fica nutrido e funciona melhor.

Nosso padrão de alimentação continua se definindo à medida que tomamos consciência do nosso ser, de como o corpo reage ao que comemos e do impacto de certos produtos em nosso espírito e no planeta. Ele é algo tão único quanto nossa assinatura. É lindo quando conseguimos aliar o conhecimento adquirido ao longo da vida à consciência para fazer escolhas que vão nos nutrir de verdade, e não fazer da comida uma forma de preencher carências.

Na atual cultura da comida, muitas pessoas parecem ter adquirido gostos homogêneos e estão comendo as mesmas coisas, sem se perguntar por quê. Isso tem a ver com o aumento no consumo de produtos ultraprocessados (feitos com fórmulas industriais e nenhum, ou quase nenhum, ingrediente *in natura*) em todas as classes sociais e muitas vezes desde a infância, com a oferta de fórmulas nutricionais e alimentos industrializados a bebês e crianças. A química empregada pela indústria alimentícia na fabricação desses produtos (corantes, aromatizantes e outros aditivos, além de açúcar, gordura e sal adicionados em excesso) altera o perfil de sabor da comida para algo que não é encontrado na natureza. O objetivo é basicamente agradar o cérebro e tornar a comida irresistível ao paladar, de modo a fazer o consumidor querer mais e o fabricante não parar de vender. O resultado do consumo frequente de ultraprocessados é uma alimentação monótona e prejudicial à saúde. Bem diferente de quando se opta pela variedade de alimentos frescos encontrada na natureza e utilizada na cozinha das nossas mães e avós. Precisamos voltar a comer de forma natural.

Quando criei o projeto Capim Santo Escola, que buscava oferecer alimentação infantil saudável, saborosa, sustentável e afetiva nas escolas, minha primeira reação foi de empolgação. Achei que teria a oportunidade de mostrar todo o meu repertório gastronômico, introduzir uma porção de ingredientes desconhecidos, educar o paladar de crianças e adolescentes e até de seus pais. Não demorou muito para eu tomar um balde de água fria e precisar conter meu entusiasmo exagerado. Entendi que mais importante do que apresentar novidades é contribuir para o processo de descoberta do paladar das crianças e reproduzir o máximo possível uma estrutura de alimentação parecida com a de casa, para deixar uma memória afetiva dessa fase da vida que é tão fundamental para a formação do ser humano. Antes de ensinar o que é bacuri, fécula de araruta ou farinha de beterraba, vale a pena incentivá-las a gostar de laranja, banana, melancia, pera, uva, milho, pepino, batata e outros vegetais acessíveis a praticamente todo mundo.

A alimentação talvez seja uma das formas mais concretas pelas quais a criança estabelece contato com o mundo – por meio de sabores, aromas, texturas e temperaturas – e com suas emoções. Na falta de linguagem adequada para expressar como se sentem, elas se manifestam no que põem no prato. Muitos pais não estão atentos a isso e se desesperam quando os filhos se recusam a comer, seja em casa ou na escola. Toda criança passa por uma fase de rejeição a alguns alimentos, normalmente entre os 3 e os 5 anos. Ela tira a comida da boca, faz cara feia, não aceita de jeito nenhum coisas que antes comia. Muitas vezes volta a querer aquele mesmo ingrediente algum tempo depois, como se tivesse esquecido. Isso faz parte do processo de autodescoberta e do instinto de testar os limites do adulto responsável.

Para a minha felicidade, minhas duas filhas comem muito bem. Mas ambas passaram por um processo de transformação do paladar quando tinham em torno de 4 anos. Cheguei a me desesperar quando a mais velha chorava para não comer certos alimentos. Com a segunda foi mais fácil, pois eu sabia que era um comportamento normal da idade. Mesmo já adolescente, tem dias em que minha mais velha não quer comer na casa da avó, que é uma chef! Ninguém, nem os adultos, come sempre da mesma forma ou sente a mesma fome todos os dias. Como mães e pais, temos que controlar a ansiedade, ter paciência e cumprir nosso dever de educar para uma alimentação saudável, sem fazer pressão ou tempestade em copo d'água. Muitas vezes isso passa por usar a criatividade na hora de oferecer a comida. Um mesmo ingrediente pode ser preparado de várias maneiras: uma simples cenoura pode ser servida crua, cozida ou assada, ralada, em palitos, purê, rodelas... A temperatura, o jeito de cortar e de preparar pode mudar o sabor e o interesse da criança em consumir aquele ingrediente. É importante tornar a alimentação divertida e ao mesmo tempo nutritiva.

Não dá para terceirizar a responsabilidade de ensinar filhos pequenos a comer. Vejo muitos pais e mães que são CEOs de empresas e comandam centenas de colaboradores, mas comem na mão de suas crianças quando se trata de colocar limites e dizer não. Em vez de assumirem o controle do que será servido em cada refeição, deixam que os filhos escolham livremente entre um monte de opções, que façam birra ou reclamem quando não tem o que gostariam de comer. Aí, quando chegam à escola, eles acreditam que podem fazer a mesma coisa, como se estivessem em um restaurante à la carte. Com isso, os adultos deixam de ensinar uma lição válida para a vida: experimentar frustrações faz parte da experiência humana. Nem sempre podemos ter tudo que desejamos. Conto para a minha filha que quando eu era adolescente, da idade dela, vira e mexe tinha que ir de São Paulo a Porto Seguro de ônibus, uma viagem de 24 horas. Isso em uma época na qual não existia celular nem tablet para me distrair. Eu ia sentada no colo da minha avó, olhando pela janela e contando quantos carros vermelhos passavam na estrada, depois quantos azuis, pretos, amarelos... Esse era meu passatempo. Hoje as crianças se sentem entediadas se ficam uma hora sem conexão com a internet.

Muitos pais e mães reclamam que suas crianças são difíceis para comer, não gostam disso e daquilo, só consomem certos alimentos quando são preparados de uma forma específica. Alguns me cobram por seus filhos não gostarem de comer na escola (quando não exigem um cardápio personalizado ao paladar de cada um...), mas se esquecem de questionar o que pode estar por trás desse comportamento alimentar. Não olham para o clima dentro do lar, para como é o momento das refeições em família, se a criança está feliz ou com algum tipo de sofrimento. As crianças reproduzem o modelo que têm em casa, comem o que têm à disposição e do jeito que veem os pais comendo. Não adianta falar que na escola devem comer legumes e frutas se em casa só tiver industrializados e nada de comida fresca. É preciso dar o exemplo e as condições para que elas desenvolvam autonomia e hábitos saudáveis.

Ao mesmo tempo, é gritante o aumento no número de crianças com problemas de saúde associados à alimentação desequilibrada, como obesidade e diabetes. Pessoalmente, acho um absurdo pais e mães comprarem para os filhos todo tipo de refrigerante, salgadinho e outras comidas ultraprocessadas. Acredito muito em prana, a energia vital presente em todas as coisas vivas e que é fundamental para nossa saúde física, mental e espiritual. O prana está inclusive nos alimentos: quanto mais frescos e naturais (como frutas, vegetais, cereais, sementes e castanhas), mais energia e vitalidade levam para dentro do corpo. Quanto às carnes, o ideal, para mim, é conhecer sua origem: se for derivada de um animal que viveu e morreu de uma forma que envolve sofrimento (como na pecuária intensiva), acho melhor evitar, porque essa energia de dor será absorvida pelo organismo.

Atualmente, lanchonetes e restaurantes de escolas em várias regiões do país vetaram a oferta de alimentos industrializados que contenham gorduras trans, péssimas para a saúde. É uma medida importante, mas sabemos que as crianças gostam desses alimentos. Então por que não encontrar uma maneira de oferecer similares nutritivos? Por exemplo, nos meus cardápios incluo coxinha com massa de batata, substituo o refrigerante pelo kombucha (que também tem bolhinhas, mas não alto teor de açúcar), faço bolo com açúcar de coco, em vez do refinado. É possível tentar medidas desse tipo em casa, adaptando-as ao bolso e ao gosto de cada família. Também é uma oportunidade de mostrar que uma comida pode ser ao mesmo tempo saudável e gostosa.

Os jovens de hoje são antenados, pesquisam receitas no TikTok e no Instagram, sabem muito mais sobre ingredientes e modos de preparar a comida do que podemos imaginar. Ter conhecimento desde cedo sobre alimentação é uma vantagem para a saúde no cenário atual, em que pessoas cada vez mais jovens apresentam doenças ligadas ao estilo de vida.

Sou contra proibir o que quer que seja em termos de alimentação, pois sabemos que isso é um convite para a criança querer experimentar escondido, mas é preciso haver controle e bons exemplos. Os pais devem ser os capitães das escolhas dos filhos. Cabe a eles se responsabilizarem pelo que está disponível na geladeira e na despensa de casa e pelo que será servido em cada refeição. E devem ensinar as crianças, de um jeito leve, divertido e acessível, a montarem o próprio prato com uma combinação variada de alimentos saudáveis.

Além disso, essa é uma boa oportunidade para incentivá--las a desenvolver a consciência de sua fome e aprender sobre a importância de não desperdiçar alimentos. Não é uma questão de mandar "limpar o prato", mas educar para que elas se sirvam da quantidade que conseguem comer e, se quiserem, tudo bem repetir.

Comer é uma aventura: é experimentar, variar, descobrir do que se gosta e não se gosta. Muita gente faz da alimentação uma prisão, um medo ou uma grande dificuldade. Eu tenho meus medos, mas também consciência deles. Trabalho para vencê--los e não me tornar refém daquilo que me limita. Quanto antes começarmos a contribuir para fazer o mesmo pelas nossas crianças, mais cedo elas aprenderão a criar uma relação saudável com a comida.

# Somos à mesa como somos na vida

**ARTHUR**

*A comida está tão presente no cotidiano das pessoas que é natural pensar no modo como nos alimentamos como um traço da personalidade, como mais uma característica capaz de nos ajudar a conhecer alguém. Nossas escolhas alimentares não revelam somente nossas preferências e aversões à mesa, mas também podem falar muito de quem somos, do que apreciamos e valorizamos na vida e de como nos comportamos no mundo. Ao optar por uma dieta vegetariana, por exemplo, uma pessoa pode estar expressando uma posição política, um compromisso com a sustentabilidade ambiental e a ética na relação com os animais.*

*Muitos jovens fazem da alimentação uma manifestação de identidade, mais ou menos como a roupa que vestem e a música que ouvem. Pense na "tribo" dos fãs de sertanejo: gostar de churrasco com cerveja é quase um passaporte para pertencer ao grupo, um marcador de identidade tão forte quanto a camisa xadrez e as botas de couro. No meu bairro, toda noite em que saio para passear com meu cachorro, passo em frente a um bar de rock. Dá para ouvir o heavy metal vindo de dentro do ambiente, enquanto do lado de fora os frequentadores vestem preto dos pés à cabeça. Tive curiosidade e fui olhar o cardápio: cervejas, hambúrgueres e outros sanduíches suculentos de carne, ou comida "ogra", como alguns definem. Entre as "patricinhas", meninas e mulheres jovens que passeiam nos shoppings de luxo em São Paulo vestindo roupas, bolsas e sapatos caros, o tipo de comida que pedem nos restaurantes chiques também parece seguir um padrão: salada ou outro prato sem gordura, que não comprometa a silhueta. Com os competidores do Ironman, como eu já fui um dia, não é diferente: a regra é comer de acordo com um objetivo determinado. As refeições são pensadas para garantir a proporção ideal entre massa magra (músculos) e gordura e têm que conter a quantidade certa de cada nutriente, nem mais nem menos – afinal, o peso corporal é determinante para a performance. Isso não quer dizer que esportistas não gostem de comer bobagens, mas até elas são calculadas em nome da disciplina e do compromisso com o esporte. Falo por mim: poucas coisas me fazem sair da dieta, e uma delas é o sanduíche de peixe de uma rede específica de fast-food. Mas me dou por satisfeito de comer uma vez por ano, se estiver disponível. Não preciso de mais do que isso.*

*O paladar pode, de fato, refletir nossa personalidade. Foi em cima desse tema que Morena e eu começamos a conversar quando tivemos a ideia de nossa parceria. A personalidade é única; é a essência do indivíduo, como se fosse uma impressão digital na parte mais íntima do seu ser. Ela começa a ser construída no nascimento – há quem diga que até antes, influen-*

*ciada por características hereditárias, pelo estilo de vida e pelo ambiente emocional da mulher na gestação. E segue se desenvolvendo até a vida adulta, como uma soma do ambiente (educação familiar, influências culturais e experiências vividas), do temperamento (tendências inatas de humor, emoções e comportamento) e do caráter (crenças e valores morais, ética pessoal, consciência e autoconceito).*

*Nosso paladar é formado por duas correntes. Uma é a fisiológica, representada pelas papilas gustativas e a mensagem que elas enviam para o cérebro ao detectar o sabor de um alimento ou uma bebida que acabamos de ingerir. O cérebro interpreta os sinais transmitidos e os associa a informações de outros sentidos, como o olfato e o tato (que permitem reconhecer textura e temperatura) para formar a experiência completa do paladar.*

*Algumas pessoas têm paladar mais apurado, por terem mais papilas gustativas; outras são menos sensíveis. Algumas apreciam comidas amargas; outras gostam mais das doces, ou salgadas, etc. A predileção por determinados sabores e tipos de alimento ou a rejeição a eles são influenciadas por fatores como a genética, a exposição passada a determinadas comidas e as lembranças dessas experiências.*

*Aí entra a segunda corrente de formação do paladar, ligada às emoções, histórias e memórias contidas no que comemos. Tudo isso nos ajuda a definir muitas de nossas escolhas e preferências ao longo da vida. Guardo até hoje na lembrança o sabor e a sensação de felicidade ao comer um pão doce em formato de trança, com açúcar cristalizado por cima, que minha nonna fazia na minha infância no interior de São Paulo. Quando saía quentinho do forno, era uma coisa de outro mundo. E se tornava mais especial ainda quando ela, minha avó, falava que tinha feito o pão doce para o seu neto querido, que era eu.*

*Outros sabores inesquecíveis para mim são de uma sopa bem cremosa de camarão que minha mãe fazia quando passávamos as férias em Ubatuba, no litoral paulista, durante a minha infância. Cada vez que ela preparava a sopa era como se eu estivesse ganhando um presente. Meu pai, por sua vez, fazia um espaguete com manteiga que não poderia ser mais simples – nada mais do que jogar um tablete inteiro de manteiga no macarrão depois de escorrida a água, mexendo até derreter completamente –, mas me faz salivar só de descrever. Nunca mais provei esses sabores da minha infância. Mesmo que alguém tente reproduzir meticulosamente essas receitas, o resultado jamais será o mesmo, porque o que conta é a ligação afetiva que tenho com essas comidas específicas.*

*O que as crianças aprendem com os pais, vendo-os cozinhar, comer e abastecer a despensa e a geladeira de casa, vai influenciar suas escolhas alimentares. Por isso é importante desde cedo incentivar hábitos saudáveis e cultivar momentos de calma e harmonia envolvendo as refeições em família, ainda mais em nossa sociedade apressada e desatenta. Como eu gosto de repetir: "O exemplo não é a melhor forma de ensinar alguma coisa a alguém; é a única." Mas acredito que o jeito como aprendemos a comer também é resultado de uma espécie de mecanismo de sobrevivência, isto é, de como aprendemos a nos virar à medida que crescemos e construímos nossa história de vida.*

*Desde criança fui colocado em situações em que tinha que comer o que havia à disposição, sem muita chance de escolha. Estudei por dez anos em um colégio semi-interno no centro de São*

Paulo, o Colégio de São Bento, onde lanchava e almoçava todos os dias. A comida era simples e gostosa, como a que a maioria das famílias tem em casa: no almoço, arroz, feijão, carne e salada com verduras e legumes. Duas vezes por dia era servido um lanche: de manhã, pão com goiabada e café com leite, que geralmente vinha com nata e apenas puxávamos para fora da xícara, sem frescura; de tarde, pão (provavelmente o que havia sido comprado de manhã, portanto já amolecido) com uma fatia de mortadela (quando vinham duas, era como ter recebido um prêmio) e de novo café com leite. Era o que tinha, e estávamos com tanta fome naquela hora que comeríamos o que quer que fosse. Mais tarde veio a faculdade de Medicina, com os plantões e as refeições improvisadas e apressadas. Quando comecei a dar plantão no hospital Sírio-Libanês, lembro de me sentir em um banquete diante de tantas opções na lanchonete para os médicos. Aí era uma festa.

Pelo contexto em que fui criado, as experiências que vivi, os hábitos que adquiri e abandonei em diferentes momentos da vida, minhas reflexões e os valores e as crenças que desenvolvi desde jovem, me considero aberto e flexível em relação à alimentação. Não há nada que eu não coma de jeito nenhum, embora tenha minhas preferências e opções – evito comidas pesadas, gordurosas e doces, por uma questão de gosto e de autocuidado. Mas me adapto sem problemas a ambientes e estilos de alimentação diferentes. Nas primeiras vezes que estive na Bahia, estranhei o tempero mais forte do que estou acostumado e as porções às vezes generosas demais. O problema é que é tudo tão gostoso que só me resta ficar atento para não passar do limite. Não estou adaptado como meu amigo baiano Nizan Guanaes, parceiro *em meu primeiro livro,* Você aguenta ser feliz?*: todo início de ano ele passa um mês em Trancoso e volta para São Paulo com o mesmo peso. Para mim, depois dessa ou de outras viagens, quando há uma quebra forte na rotina, compenso restringindo por alguns dias certos alimentos ou comendo menos, até sentir que meu corpo voltou ao normal. E assim sigo, com equilíbrio e sem abrir mão da alegria que é comer.*

# Ravióli de tapioca com queijo Canastra e molho de ervas

Rendimento: 4 porções

## · Ingredientes ·

### Ravióli

- 200g de tapioca granulada
- 200ml de leite integral
- 60g de cebola picada
- 200g de queijo Canastra ralado
- 200ml de leite de coco
- Sal e pimenta-do-reino a gosto

### Recheio

- 140g de queijo Canastra em cubos

### Molho

- 80ml de azeite
- 20g de alho picado
- 120g de cebola em cubos

- Sal e pimenta-do-reino a gosto
- 600ml de creme de leite fresco
- 100g de salsinha picada
- Ervas frescas a gosto (manjericão, alecrim, tomilho e sálvia)

# · Modo de preparo ·

## Ravióli

Hidrate a tapioca com 100ml do leite. Reserve.

Refogue a cebola em uma frigideira, em fogo baixo, até caramelizar.

Bata no liquidificador a cebola caramelizada com o queijo ralado, o leite de coco e a outra metade do leite. Adicione essa mistura na tapioca hidratada.

Tempere a massa com sal e pimenta-do-reino e misture bem.

Usando um rolo, abra metade da massa.

Faça bolinhas com o queijo e distribua sobre a massa aberta.

Abra a outra parte da massa e coloque por cima das bolinhas.

Corte os raviólis com o vazador.

Reserve na geladeira por 30 minutos.

Em uma frigideira antiaderente, grelhe os raviólis até dourar os dois lados e sirva com o molho.

## Molho

Doure o alho no azeite, depois junte a cebola e refogue. Tempere com sal e pimenta-do-reino e acrescente o creme de leite. Adicione a salsinha e as ervas picadas, deixando reduzir. Ajuste o sal.

# Capítulo 4

# A comida é a maior rede social que existe

**MORENA**

Comer na companhia de outras pessoas é próprio dos seres humanos, algo ancestral. Há milhares de anos, desde as primeiras civilizações, o ritual de cozinhar e compartilhar os alimentos é uma forma de integrar os indivíduos e fortalecer vínculos comunitários. Os povos indígenas dedicam grande parte do tempo a atividades ligadas à alimentação, e quase todas as tarefas – de caçar, pescar e coletar frutos a preparar a roça, produzir utensílios e ferramentas, cozinhar e comer – são realizadas coletivamente. Uma das obras de arte mais conhecidas do mundo, *A última ceia*, de Leonardo Da Vinci, foi pintada no século XV e retrata uma das passagens mais simbólicas para o catolicismo: a refeição final de Jesus Cristo com seus discípulos antes de ser crucificado. Tudo isso são exemplos de como o ato de comer está profundamente enraizado na experiência humana e atravessa os tempos e as culturas, representando comunhão, partilha e convivência.

O termo companheiro deriva das palavras latinas *cum* (com ou junto) e *panis* (pão). A palavra comensal vem de *cum* e *mensa* (mesa). A ideia por trás disso é que quem compartilha o alimento e a mesa se torna companheiro, aquele em quem se confia e com quem se pode contar. Comer junto aproxima pessoas, famílias, amigos e povos.

Em qualquer lugar do mundo a mesa é ponto de encontro das diferentes formas de convívio em uma sociedade: amizade, negócios, romances, trabalho. É onde relações são construídas e alimentadas. Sentar-se junto para comer significa deixar as diferenças de lado e colocar os assuntos em dia. É em volta da mesa, compartilhando o alimento, que boas conversas acontecem, valores e histórias familiares são passados adiante e se criam afeto e intimidade. Aguardamos com expectativa a oportunidade de reunir a família no almoço de domingo e na ceia de Natal, juntar os amigos em um jantar especial, cantar parabéns com todos em volta do bolo de aniversário. Do início dos tempos até os dias atuais, nos conectamos por meio do alimento e das histórias, das lembranças e dos laços que criamos em torno dele.

Décadas atrás, a hora das refeições com pais, filhos, irmãos e avós reunidos era um momento sagrado no cotidiano das famílias. Hoje, a vida corrida e a tecnologia transformaram os hábitos, fazendo com que esse ritual perca espaço em muitas casas – come-se em pé e com pressa, navegando no celular e olhando para a televisão ligada. Além disso, cada vez mais pessoas moram e fazem suas refeições sozinhas.

Comer para conviver deu lugar a comer apenas para abastecer o corpo, muitas vezes às pressas. Quando a experiência de comer deixa de ser coletiva para ser solitária, perde muito do seu prazer. É aí que muita gente acaba fazendo da comida uma companhia, como se ela fosse capaz de ajudar a lidar com desconfortos emocionais. E adota uma mentalidade de compensação: já que vai comer sozinho, tem que ser alguma coisa muito gostosa e reconfortante, o que geralmente quer dizer algo muito calórico, que entrega energia rapidamente. Quase ninguém procura conforto em um prato de salada – embora, sabendo escolher os ingredientes, seja possível preparar saladas que abraçam o estômago.

No ambiente de trabalho, comer em companhia de outras pessoas é uma oportunidade para trocar experiências, conhecer melhor os colegas e fazer novos amigos. Muitas empresas reconhecem esse fato e optam por montar restaurantes e refeitórios internos como um estímulo para o entrosamento dos colaboradores, com reflexo no bem-estar e até na produtividade. Não por acaso decisões são tomadas e negócios são fechados em almoços e jantares: em volta da mesa e servidos de boa comida, ficamos mais sociáveis, abertos a escutar o outro e inclinados a construir conexões de confiança.

Nas escolas, a hora do lanche ou do almoço em grupo é fundamental para a integração das crianças e dos adolescentes. Algum tempo atrás, quando parei para pensar como era triste para minha filha mais velha, que estudava na parte da manhã, almoçar sozinha em casa enquanto a maioria dos amigos comia no refeitório do colégio, passei a deixá-la em período integral para fazer a refeição com a turma. A interação com os colegas nessas ocasiões aumenta o sentimento de pertencimento e também pode ser uma ótima oportunidade para o contato com alimentos e hábitos diferentes, contribuindo para ampliar o paladar e o repertório e influenciando a maneira como os mais novos aprendem a comer.

Nos preocupamos muito com *o que* e *quanto* comemos para ser mais saudáveis e viver por mais tempo, mas não podemos esquecer que o contexto, o motivo por que comemos e as pessoas com quem compartilhamos a refeição são igualmente importantes, se não mais. O modo como a comida é servida, o ambiente ao redor, os indivíduos com quem dividimos o alimento, o ritual em volta da mesa – tudo influencia nosso jeito de comer. Na minha casa, sou bem disciplinada com relação a isso. Gosto de ter panelas, potes e utensílios bonitos. Para as refeições ou mesmo na pausa para um chá, faço questão de montar uma mesa linda, pratos, talheres, taças e xícaras combinando, flores para embelezar. Tudo isso aumenta a motivação para cozinhar, servir e reunir os amigos e familiares para comer juntos. O café da manhã e o jantar são os momentos do dia em que podemos estar reunidas, minhas filhas e eu. Ninguém come mexendo no celular, sentada no sofá ou vendo televisão, trabalhando no computador ou fechada no quarto. A hora de comer é sagrada, temos que estar presentes: desfrutar da comida e da companhia, mastigar com calma e conversar, nutrir o corpo, a alma e o vínculo com nossas pessoas queridas.

Algumas culturas dão mais importância do que outras ao ritual das refeições partilhadas, no qual tanto o alimento quanto o momento em grupo são cultuados como algo que nutre não só o corpo, mas os laços entre as pessoas – por exemplo, na Itália, em países árabes, em famílias judaicas e em algumas regiões do interior do Brasil, onde o ritmo da vida é bem menos acelerado do que nas grandes cidades. Foi na Itália, inclusive, que surgiu o movimento *slow food*, nos anos 1980, como uma reação ao avanço da cultura da fast-food e à perda de tradições gastronômicas locais. Essa iniciativa é um incentivo para apreciar os momentos de convívio à mesa, o tempo dedicado à preparação da comida e o prazer de comer bem, sem pressa e em boa companhia, ter boas conversas e, de preferência, relaxar com um café ou um drinque depois de uma bela refeição. É o que eles chamam de *la dolce vita*, ou "a boa vida".

## Fome de conhecer, conectar, compartilhar

Sou curiosa e observadora, adoro ouvir e contar histórias. Quando paramos para escutar as experiências das pessoas, descobrimos que cada uma tem um mundo inteiro dentro de si, um museu particular de vivências e ensinamentos. Construo meu repertório e minhas referências a partir do que absorvo do convívio com elas também. Por outro lado, tenho a necessidade de dividir com os outros tudo que descubro, aprendo e invento, minhas alegrias e tristezas. Se começo a pesquisar sobre tapioca, não só crio mil receitas e quero que todo mundo experimente, como vou além: escrevo um livro sobre o assunto para espalhar para o maior número possível de pessoas aquilo que aprendi. Se me interesso por uma terapia, me consulto com especialistas, passo um tempo obcecada pelas linhas terapêuticas, falando apenas sobre isso, presenteio minhas amigas com sessões, monto um retiro temático porque quero extravasar meu encantamento e meus aprendizados. Para mim, só faz sentido ter ou saber alguma coisa se for para repartir. Se eu tenho o privilégio de ter contatos, oportunidades e conhecimentos tão ricos, como não me tornar porta-voz do que há de melhor?

A vida fica mais gostosa quando temos aqueles que amamos por perto, e não apenas no que diz respeito à comida. Quem já assistiu a uma partida de futebol em um estádio lotado, já foi a um show de um artista que admira, participou de alguma celebração religiosa coletiva ou de uma corrida de rua com centenas de pessoas conhece o poder da vibração que vem do grupo. Comemorar, dançar, torcer, rezar, correr e comer sozinho pode ser bom, mas não se compara à vivência compartilhada.

Em casa ou quando saio para comer com amigos ou com minha família, adoro pedir vários pratos para dividir, provar uma garfada da comida de quem está de um lado ou comer um pedaço do doce de quem está do outro. Tem gente que não gosta, acha invasivo – minha filha caçula reclama quando belisco alguma coisa do prato dela. Na tradição do candomblé, pegar comida do prato de alguém, assim como usar roupas e objetos de outros, é considerado desrespeitoso e uma forma de misturar energias espirituais, o que não é bom. É claro que respeito todas as vontades e crenças, até porque compartilhar uma refeição também envolve a arte de conviver sem se incomodar com os costumes e a personalidade do outro.

Tem uma frase que adoro: a comida é a maior rede social que existe. Ela pode ser interpretada de várias maneiras para falar do poder unificador do alimento na sociedade. Primeiro, como já falei, ele estimula a interação e a intimidade entre as pessoas, é uma forma de comunicação universal. Além disso, é uma espécie de ponte entre indivíduos e comunidades: por meio de pratos típicos, técnicas de preparo e ingredientes locais, nos transporta para lugares distantes e nos faz mergulhar na riqueza de sua cultura, sua geografia, sua história e suas tradições. E é uma fonte inesgotável de assunto e trocas, basta ver a quantidade de perfis e hashtags criados para compartilhar conteúdos sobre alimentação e gastronomia. Pessoalmente, eu adoro a sensação de viajar sem sair do lugar, apenas rolando a tela do celular, para satisfazer meu apetite por novidades.

A comida é um fio que conecta todas as pontas de uma complexa teia social envolvendo os agricultores e produtores que plantam e colhem os ingredientes, os trabalhadores encarregados do transporte da distribuição aos mercados, os comerciantes que possibilitam que cheguem à mesa das pessoas, os chefs e cozinheiros que transformam os produtos em refeições e, por fim, os consumidores. Em cada etapa desse processo, a comida não é somente nutrição para o corpo, mas alimento para as conexões humanas.

## Corrente do bem

Cresci em Trancoso, correndo de chinelo, brincando com as crianças locais e as estrangeiras, pobres e ricas. Aprendi a ver todos os indivíduos como iguais, diferentes e únicos apenas nas histórias que cada um tem para contar. Só comecei a me dar conta de que certas diferenças existem – e de que algumas pessoas fazem questão de reforçá-las – na adolescência, quando morei em Londres e depois em Paris, onde via as outras meninas exibindo e comentando roupas e bolsas de marcas das quais, até então, eu nunca tinha ouvido falar. De volta ao Brasil e morando em São Paulo, passei a transitar por um círculo em que era comum as pessoas pagarem em uma garrafa de vinho mais do que os funcionários da cozinha ganhavam em um mês inteiro de trabalho. Eu não conseguia me conformar. "Se eu não tenho como mudar o mundo, o que posso fazer para melhorá-lo um pouco?", pensava.

Mais ou menos na mesma época, assisti ao filme *A corrente do bem*, sobre um menino que recebe uma missão na escola: fazer o bem a três pessoas. Cada uma delas, por sua vez, tem que fazer uma boa ação para outras três, criando assim uma corrente de bondade. Na época, a história me fez pensar em como eu também poderia ser um agente multiplicador de gestos altruístas. Foi aí que comecei a idealizar o Instituto Capim Santo e a usar a gastronomia como ferramenta para transformar vidas. Eu conto mais sobre isso no próximo capítulo.

Em 2018 tirei um ano sabático com a minha filha mais velha – na época, ela era filha única e tinha 7 anos. Meio por acaso, acabei indo viver em Bali, na Indonésia. Eu estava no centro de um redemoinho emocional depois de passar os cinco anos anteriores trabalhando intensamente para me recuperar de uma quase falência nos negócios, depois de descobrir uma dívida de milhões causada por uma administração ruim. Até aquele momento, minha rotina era de cozinheira. Eu praticamente vivia dentro dos restaurantes, com a barriga no fogão, e não acompanhava a gestão. Junto com minha sócia, respirei fundo, assumimos o controle do barco em meio à tempestade e conseguimos zerar as pendências financeiras. Profissionalmente falando, a experiência de quebrar foi quase uma formação em Harvard, mas me deixou quebrada mental e fisicamente também.

Eu estava exausta, desconectada de mim mesma e frustrada por não conseguir dar à minha filha a atenção que gostaria e deveria. Andava refletindo sobre que tipo de vida eu pretendia proporcionar a ela e que caminhos queria seguir dali para a frente, depois de vencer aquela fase difícil. Também precisava sair da zona de conforto e repensar a vida. Tinha uma carreira sólida e já era reconhecida na minha área, mas a calmaria e a ação no piloto automático me deixam desconfortável, como se estivesse na pele de um personagem que não condiz com minha essência. Gosto de me testar e me desafiar.

Inicialmente, saímos do Brasil para viver um ano em Paris, porque eu queria que ela aprendesse a língua e tivesse contato com a cultura francesa, tão especial para mim. Em menos de um mês no país, com minha filha estudando, lá fui eu outra vez mergulhar em trabalho – a raposa troca de pelo, mas não de vício, como diz o ditado. Fui convidada pela bisneta de Gustave Eiffel (engenheiro responsável pela construção da famosa torre) a assumir a cozinha do Musée de l'Homme, de antropologia, durante uma exposição em homenagem ao artista plástico polonês naturalizado brasileiro Frans Krajcberg. Em seguida, emendei uma sequência de viagens para dar aulas e participar de eventos do Le Cordon Bleu. Fui a Pequim, Tóquio, Beirute e Bangkok. Nesse meio-tempo, meu irmão decidiu comemorar seu aniversário em Bali, na Indonésia, levando minha mãe junto. Então fomos encontrá-los.

Nos primeiros dias, minha mãe e eu conhecemos uma cozinheira balinesa que nos convidou para conhecer a escola onde trabalhava, a Green School. Foi paixão à primeira vista, tanto que matriculei minha filha, mudamos nossos planos e passamos o ano seguinte morando lá. A Green School é uma "escola do futuro", com uma abordagem holística e comprometida com a formação de jovens para serem agentes de transformação no mundo. É totalmente fora da caixa, proporciona uma educação mais livre, baseada em três pilares: sustentabilidade, comunidade e empatia. Para começar, a escola não tem paredes nem muros. É uma construção de bambu integrada à natureza, pensada para integrar alunos, famílias e professores vindos de diversos países, além da comunidade local, que participa de várias atividades.

Eu me identifiquei de cara porque compartilho da convicção de que ninguém faz nada ou chega a lugar nenhum sozinho. Precisamos dos outros para existir e ser feliz. É o contrário do que prega a ideologia ocidental em que estamos imersos, do sucesso individual a qualquer custo. De que adianta chegar ao topo do mundo se não tiver ninguém lá com quem dividir a alegria?

Trabalhei como voluntária na cozinha da escola, e a vivência me conectou ainda mais com minha crença de que ser saudável é ter uma alimentação equilibrada, com grande variedade de ingredientes e porções pequenas em cada refeição. Vi muitas semelhanças com o Brasil no uso de frutas e vegetais: jaca, coco, carambola, biribiri, fruta-pão. Também me reconheci na filosofia de cozinhar sem medidas, mas com afeto e intuição, técnica e planejamento para evitar desperdício – além de amor e respeito na coordenação da equipe.

Nessa viagem fiquei sabendo da existência das empresas do

sistema B, rede internacional de organizações comprometidas a gerar impactos positivos para o planeta, e adotei como objetivo fazer parte desse movimento. Para obter a certificação, as empresas têm que atender a padrões rigorosos de desempenho ambiental, responsabilidade social e transparência na gestão. O Capim Santo é atualmente uma das 350 companhias brasileiras que possuem o selo B Corp, uma das raras do segmento de restaurantes. Foram cinco anos adequando práticas, políticas e padrões. É uma conquista coerente com a ideologia que alimento desde sempre e que reflete a marca que quero deixar no mundo: ser um instrumento de cura por meio da comida. No mundo de hoje, em que a demanda por uma economia mais inclusiva, equitativa e regenerativa é uma causa urgente, não é suficiente nem aceitável que um negócio seja vantajoso somente para o dono. Ele tem que ser benéfico para todas as partes envolvidas: fornecedores, funcionários, parceiros e clientes. A vida e o trabalho só podem ser verdadeiramente bons para um se forem bons para todos.

# Ter com quem dividir a vida é o segredo para multiplicar a felicidade

**ARTHUR**

*Para mim, o prazer de comer está muito ligado ao ambiente e às companhias, não apenas à comida em si. Em casa, o jantar de toda noite é um ritual, nem precisa ser uma data especial. Quando chego do trabalho, minha esposa normalmente já está nos preparativos de uma de suas massas incríveis. Enquanto isso vou à adega, escolho uma garrafa de vinho, sirvo uma taça a ela. Nem sempre a acompanho na bebida, mas é uma delícia ficar por perto, conversando sobre como foi o dia de cada um, e depois compartilhar o jantar em harmonia. No meu restaurante preferido, sou tão assíduo que já chego sabendo o que vou pedir. Conheço os garçons, adoro a ideia de me sentir um cliente especial e fico à vontade a ponto de gentilmente pedir ao chef para refazer o prato quando não está no ponto que eu gosto. No dia a dia, quando o almoço às vezes acontece no consultório com algum profissional da minha equipe porque precisamos discutir casos de pacientes, sempre acabamos jogando um pouco de* conversa fora. Em volta da mesa, ficamos mais soltos e relaxados. Em um contexto leve e agradável, com pessoas queridas por perto, a comida fica até mais gostosa.

Ter com quem compartilhar a vida e seus acontecimentos nos ensina sobre nós mesmos e sobre o mundo, ampliando nosso repertório de soluções para os problemas e as adversidades e nos tornando pessoas mais interessantes. No contato com os outros, ganhamos a percepção de que a vida é feita não só de coisas boas, mas também de tristezas, percalços e momentos desafiadores. Ao mesmo tempo, descobrimos que ninguém é perfeito e todos temos defeitos e inseguranças, mas existe alguém com quem podemos ser quem somos, sem medo nem máscaras. Poder partilhar as dúvidas, angústias e alegrias que surgem no percurso e ter com quem contar para escuta e apoio quando precisamos nos ajuda a viver melhor porque nos dá a confiança de que não estamos sozinhos.

Apoiar e ser apoiado não quer dizer acatar tudo que o outro faz e fala, nem esperar que ele diga sim para tudo que você propõe. Relações saudáveis e verdadeiras pressupõem aceitação e um compromisso genuíno com o bem-estar da outra pessoa. Isso muitas vezes pode gerar embates, inclusive no campo da alimentação. Imagine que você está jantando com um amigo ou amiga que está comendo sem parar por pura gula ou desatenção. Ou outro que está bebendo além do limite do bom senso e pode acabar gerando problema ou se arrependendo depois. Alguém que se importa de verdade e que tem intimidade suficiente pode muito bem dar um toque discreto, falando "Será que você não está exagerando?". Se não houver esse tipo de abertura e honestidade em uma relação, é possível que se torne superficial e insípida com o tempo.

*Cultivar boas conexões sociais e afetivas é um pilar tão importante para a qualidade de vida quanto ter uma alimentação saudável, fazer atividade física, não fumar, cuidar do sono e não exagerar na bebida alcoólica. Em um processo de mudança de estilo de vida, ter uma companhia – que pode ser um amigo, o parceiro ou a parceira, um colega de trabalho, vizinho ou a equipe de alguma atividade esportiva – pode fazer uma grande diferença para sair do zero e avançar em direção a um objetivo, seja ele qual for. O compromisso com a turma ajuda a ganhar motivação e regularidade e funciona como um organizador da rotina, sobretudo no início, quando a tendência do corpo e do cérebro é resistir à mudança. Além disso, a troca de experiências, dicas e ideias pode ser uma inspiração a mais para incorporar novos hábitos e aprender novos jeitos de fazer as coisas de sempre.*

*A amizade e os demais vínculos afetivos que construímos nos dão a dimensão de que a vida é passageira e pode ser breve. Vale a pena se cuidar e estar disposto a cuidar do outro para desfrutar da melhor forma possível do tempo com nossos amigos e amores – e isso não tem a ver com ser médico. Fazer-se presente (mesmo não podendo estar fisicamente próximo o tempo todo), escutar sem julgamento, perdoar quando for necessário, interessar-se genuinamente pelo bem-estar daqueles que amamos e celebrar suas conquistas são nutrientes essenciais às relações saudáveis e duradouras.*

*Completei 70 anos enquanto escrevia este livro. Já passei por muitas fases na vida. Tive períodos em que me dediquei mais a minhas atividades como professor, empreendedor, pesquisador, atleta de Ironman. Hoje me sinto completamente realizado em minhas funções de avô (tenho netos gêmeos) e pai de pet (de Franc, meu grande companheiro). Franc é um amigão, traz alegria e uma sensação de conforto incomparável. Seja correndo – já completamos juntos uma prova de 7 quilômetros –, passeando, brincando ou só relaxando juntos, a presença dele tem o poder de acalmar a mente e aquecer o coração. É uma delícia chegar em casa à noite, depois de um dia de trabalho, e ser recebido com festa por ele.*

*A ciência vem estudando há bastante tempo os benefícios, para o ser humano e para o animal, do forte vínculo que se estabelece entre eles. Já se comprovou, por exemplo, que ter um animal de estimação impacta positivamente a saúde física e mental dos tutores. Alguns estudos mostram que cães e gatos entendem o que estamos falando. Claro, não da mesma maneira que outro humano, mas sabem o significado do sim e do não e reconhecem o próprio nome. Cachorros, em especial, são capazes de captar nossas emoções. Não por acaso são usados como suporte para pessoas com problemas de saúde e, em alguns hospitais e para certos casos, liberados para visitar seus tutores internados para tratamento de alguma doença grave. O amor incondicional que um animal doméstico oferece pode ajudar, e muito, a dar ao paciente e à família um senso de estrutura. Eu posso dizer: nosso amor por nossos animais, como é o meu por Franc, também é incondicional.*

*Eu tenho comprovado na prática como a presença e a companhia de um pet são capazes de elevar o humor e deixar os dias melhores. Como médico que atende casos graves, alguns dos quais resultam até na morte do paciente, tive que aprender, ao longo dos anos, a me proteger do abalo emocional causado pela perda da pessoa de quem cuidava. Acabei criando uma espécie de casca protetora, sem a qual creio que sucumbiria. Depois que Franc entrou na minha vida, ainda filhote, vi a mim mesmo, um homem pragmático, estressado pelas demandas de trabalho, me transformando aos poucos, alterando algumas das minhas rotinas para passar mais tempo com meu cão. Parte da minha atividade física matinal agora é feita na companhia de Franc. Corremos ou caminhamos de forma ritmada, "conversamos" e voltamos para casa diferentes. Ele, cansado e com a língua de fora; eu, mais calmo e focado – mas muitas vezes também com a língua de fora! Durante o passeio, tenho tempo de me preparar mentalmente para o trabalho e as reuniões que terei que enfrentar. Repito o ritual mais duas vezes à noite: logo que chego do trabalho e mais tarde, antes de ir para a cama.*

*Uma pesquisa global que envolveu milhares de tutores de pets em oito países, incluindo o Brasil, revelou que quase todos os cuidadores (95%) veem seu bichinho como um membro da família. Eu trato Franc como se fosse meu quinto filho. Incorporar um animal ao núcleo familiar é algo tão profundo que já se fala em famílias multiespécies. No caso de um casamento que chega ao fim, é cada vez mais comum os ex-cônjuges entrarem em acordo para que os dois possam continuar convivendo com o animal de estimação ou, em términos conflituosos, recorrerem à Justiça para obter a guarda, seja única ou compartilhada. Esse laço emocional tão forte vem transformando as dinâmicas familiares e pode proporcionar uma vida mais feliz e com sentido.*

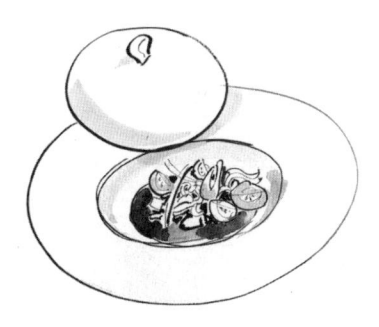

# Polenta negra com ragu de lula

Rendimento: 4 porções

## · Ingredientes ·

### Caldo de legumes

- 2,5l de água
- 1 cenoura em pedaços grandes
- 1 cebola grande cortada em quartos
- 2 talos de salsão em pedaços grandes
- 2 talos de alho-poró em pedaços grandes
- 1 ramo de tomilho
- 1 folha de louro
- 1 ramo de salsa

### Ragu de lula

- 600g de tomate-cereja
- 200ml de azeite
- 4 dentes de alho picados
- 600g de tubos e tentáculos de minilulas

- Sal e pimenta-do-reino a gosto
- 1 colher (chá) de gengibre picado
- 1 colher (café) de pimenta dedo-de-moça picada
- 1 limão-siciliano (raspas e suco)
- Salsinha a gosto

## Polenta negra
- 5 xícaras (chá) de caldo de legumes
- 1 xícara (chá) de polenta branca italiana
- 2 colheres (sopa) de tinta de lula
- Sal e pimenta-do-reino a gosto

# · Modo de preparo ·

## Caldo de legumes
Em uma panela média, coloque a água fria e adicione a cenoura, a cebola, o salsão e o alho-poró. Leve ao fogo médio até ferver.

Reduza o fogo ao mínimo e deixe apurar por cerca de 1 hora, até que os legumes estejam bem macios e o caldo tenha um sabor rico.

Faça um bouquet garni com o tomilho, o louro e a salsa. Mergulhe no caldo por 10 minutos antes de finalizar.

Coe o caldo e reserve. Descarte os legumes cozidos ou guarde-os para outro uso, se desejar.

## Ragu de lula
Disponha os tomates em uma assadeira, tempere com sal e pimenta-do-reino e regue com metade do azeite.

Asse em forno preaquecido a 180°C até murcharem. Retire a assadeira do forno e reserve.

Corte os tubos da minilula em rodelas.

Em uma panela, doure o alho no azeite restante e adicione as rodelas e os tentáculos da minilula, selando rapidamente. Tempere com sal, pimenta-do-reino, gengibre, pimenta dedo-de--moça, suco e raspas do limão e a salsinha e misture bem.

Por último, junte o tomate assado.

## Polenta negra

Aqueça o caldo de legumes em uma caçarola. Quando estiver fervendo, coloque a polenta aos poucos, sem deixar de mexer. Mexa constantemente por aproximadamente 40 minutos, até que a polenta fique cremosa e mais espessa.

Adicione a tinta de lula e incorpore bem. Tempere com sal e pimenta-do-reino.

## Montagem

Faça uma base colocando duas colheres grandes da polenta no centro do prato e espalhando de maneira circular – segure a colher no centro da polenta com uma das mãos e rode o prato com a outra.

Disponha o ragu de lula na base de polenta, distribuindo os tentáculos e tubos fatiados. Se desejar, finalize com salsinha picada, raspas de limão, um fio de azeite, uma pitada de flor de sal e pimenta-do-reino.

# Capítulo 5

## Cozinhar é uma maçaneta para o mundo

**MORENA**

Se eu fosse um personagem de filme, seria o protagonista do indiano *Quem quer ser um milionário?*. Para quem não assistiu, o filme conta a história de um menino que vence um jogo de perguntas e respostas na televisão contra todas as probabilidades: ele não era o concorrente com mais anos de estudo, mas sua história de vida, sua curiosidade e as experiências que acumulara deram a ele um repertório que não está nos livros. É um exemplo de que o aprendizado está em todos os lugares e que nossa fome de saber é capaz de nos levar aonde quisermos.

Estudei gastronomia, mas a maior parte do que sei veio de um notório saber: aprendi e continuo aprendendo com minha família, que me ensinou valores que me guiam pela vida, com colegas de profissão de diversas partes do mundo, com as pessoas que trabalham comigo, com amigas e amigos e basicamente com todos que cruzam meu caminho. Assim como para o garoto indiano do filme, minha faculdade é a vida.

Não nasci com nenhum dom ou talento especial. Para falar a verdade, sempre tive dificuldade para me concentrar e aprender. Na época de escola, enquanto alguns colegas ouviam a explicação uma vez e entendiam tudo, eu precisava fazer um monte de aulas particulares para conseguir acompanhar a turma. Mesmo assim, nunca fiquei em recuperação nem repeti de ano. Por ter consciência das minhas limitações e desde cedo não me conformar em passar pela vida de forma medíocre, me acostumei a colocar esforço e dedicação nos estudos e em tudo que faço. Na cozinha também foi e é assim. Como a tartaruga da fábula sobre a lebre e a tartaruga, fui avançando, crescendo e conquistando meus objetivos com determinação, constância e coerência com as minhas verdades, sem passar por cima nem subestimar a capacidade de ninguém.

Acredito naquela máxima que diz: "O que eu ouço, eu esqueço. O que eu vejo, eu lembro. O que eu faço, eu entendo." A cozinha me ajudou a aprender sobre coisas que eu não assimilaria se recorresse só aos livros. Geografia, história, costumes, religiões, celebrações importantes: é uma forma de materializar o conhecimento sobre esses e outros temas na forma de ingredientes, técnicas e pratos.

No percurso de superar meus limites, um desafio diário para mim é desenvolver autodisciplina, isto é, a capacidade de me organizar, manter o foco nas tarefas importantes, evitando distrações, e persistir no que precisa ser feito para chegar aonde desejo. Admiro muito quem diz que vai ler um livro até o final e lê, que vai acordar cedo e malhar todo dia e faz, que se propõe a não comer doce do Carnaval até a Páscoa e consegue, que vai abandonar determinado hábito porque sabe que é maléfico e cumpre.

Às vezes sou dispersa, levada de um lado para outro pela minha curiosidade e pelos meus múltiplos interesses. Disciplina não foi algo que desenvolvi desde cedo, então preciso trabalhar essa virtude em mim o tempo todo para me tornar capitã da minha alma. Minha criação foi na base da liberdade, da conversa, da "democracia" e da compreensão mais do que da obediência e da imposição. Fui ensinada a tentar até conseguir, a falhar, cair e quase falir até aprender. Isso fez de mim o que sou hoje e inspira um dos meus lemas: a vida é dura para quem é mole.

Tenho sede de realizar coisas e concretizar sonhos, meus e de outras pessoas. Não meço esforços e não sou de ficar esperando uma conjunção perfeita de fatores para agir. Não que não tenhamos que planejar e ansiar antes de executar, mas acredito e pratico aquela história de "feito é melhor do que perfeito". Raramente teremos as condições ideais para fazer as coisas. Se quisermos conquistar nossos objetivos, em vez de reclamar enquanto ficamos estagnados no caminho, é importante saber se adaptar às adversidades.

Quando eu era adolescente, morava em Trancoso e estudava em Porto Seguro, a uma hora e meia de distância pela estrada de terra. Meu pai me levava e buscava na escola todos os dias e às vezes me deixava pegar o volante para me ensinar a dirigir. Até que um dia ele me entregou a chave do carro e disse: "Você está pronta, já pode dirigir sozinha." Eu ainda era menor de idade, faltava mais de um ano para completar 18 anos e poder tirar a carteira de habilitação. Se eu fosse parada pela polícia ou outra coisa acontecesse, a responsabilidade seria dele. Ele sabia disso, é claro. Mas me dizia algo que nunca mais esqueci: "Se qualquer coisa acontecer, você para e respira para se acalmar. Peça ajuda ou preste socorro, dependendo da situação, e me chame porque vamos resolver. Se estiver na estrada e vier um carro no outro sentido, tome uma decisão: desvie, engate a ré se for possível ou jogue o carro no acostamento, mas não fique parada esperando a colisão."

Uso essa lição em muitos momentos do meu dia a dia como chef, em que não faltam obstáculos para superar. Me lembro da primeira vez que fui contratada para cuidar da alimentação de um dos camarotes de um grande festival de música. Eram muitas refeições, para uma quantidade de convidados muito maior do que eu tinha imaginado. Não havia tempo para ficar remoendo minha insegurança, então fiz do limão uma limonada: respirei fundo e não só venci o desafio como saí daquele evento com um novo modelo de negócio. Para mim, a vida é movimento e determinação. Não ficar ruminando angústias e dúvidas nem ficar esperando que as coisas se resolvam sozinhas, mas ir atrás da solução possível, ainda que não seja a ideal.

Você conhece a história da cenoura, do ovo e do café?

Era uma vez um jardineiro cuja filha vivia reclamando da vida, que tudo dava errado e era difícil seguir em frente. Quando resolvia um problema, aparecia outro, deixando-a desanimada e com a sensação de derrota. O pai chamou a filha até a cozinha, encheu três recipientes com água e levou ao fogo. Quando a água ferveu, colocou em um deles uma cenoura, no outro um ovo e no terceiro um pouco de pó de café. Depois de alguns minutos, desligou o fogo, tirou a cenoura e o ovo, colocando-os em um prato, e coou o café. "O que você vê?", perguntou o homem à filha. "Uma cenoura, um ovo e uma xícara de café", a menina respondeu. O jardineiro pediu que a garota tocasse a cenoura. Ela obedeceu e notou que estava macia. Depois quebrou o ovo, percebendo que estava mais duro do que quando cru. Por último, tomou um gole do café. "O que quer dizer tudo isso?", a menina quis saber. O pai explicou: "Os três ingredientes enfrentaram a mesma adversidade – a água fervente –, mas cada um respondeu de um jeito. A cenoura entrou firme e saiu molenga, quase se desfazendo. O ovo era frágil e endureceu. Já o café transformou a mistura da água com o pó em uma bebida aromática e saborosa. Quem é você diante das dificuldades da vida? Aquele que perde sua força, se torna rígido ou o que é capaz de se transformar em algo melhor?"

## Empoderando vidas

Pouco depois de voltar da França para o Brasil, no começo dos anos 2000, fui convidada por um grupo de psicólogas ligadas à Federação Israelita do Estado de São Paulo para trabalhar em um projeto social voltado ao empoderamento feminino na favela Porto Seguro, no bairro Paraisópolis, na capital. Havia muita resistência por parte das mulheres da comunidade para falar sobre sua vida e seus problemas às terapeutas voluntárias, vindas de uma realidade social completamente diferente. A comida foi o que nos aproximou. Entrei para ensinar as filhas adolescentes daquelas mulheres a fazer bolo. Os encontros eram momentos de "terapia da cozinha", com trocas de receitas e experiências de vida, escuta, aconselhamento e um grande aprendizado para os dois lados. Foi minha primeira vivência com trabalho social e voluntariado, um pilar da minha vida hoje. E foi a inspiração para a criação do Instituto Capim Santo, em 2008, como forma de retribuir ao mundo por tantas coisas incríveis que a gastronomia me proporcionou.

O Instituto nasceu em Trancoso e hoje está presente em Salvador e Itacaré, em várias unidades dos Centros Educacionais Unificados em São Paulo, na favela da Rocinha (RJ) e em Recife (PE) com a missão de formar pessoas em situação de vulnerabilidade social para trabalhar na área de gastronomia. A intenção não é preparar um exército de cozinheiros profissionais, e sim capacitar seres humanos para a vida.

Nossa fome é de contribuir para que as pessoas tenham a oportunidade de se desenvolver como cidadãos plenos e autônomos, ajudando-os a explorar as próprias habilidades e ganhar confiança para perseguir seus sonhos e objetivos, sejam quais forem. Muitos alunos do projeto não têm como meta atuar em uma cozinha para sempre, mas se habilitar para trabalhar e poder pagar uma faculdade em áreas que não têm nada a ver com gastronomia. Outros não têm um horizonte e estão com autoestima muito baixa, e vêm ao projeto como que pedindo socorro. Presenciei histórias de alunos que chegaram desencorajados e pensando em desistir da vida. Quando descobrem que são capazes de fazer um bolo que todo mundo elogia ou o brigadeiro que alegra a festa do filho, recuperam a esperança em si mesmos. A transformação é interna e externa, e é delicioso ver a diferença no semblante deles na foto do primeiro e do último dias de aula.

Quem me ensinou que a cozinha é uma maçaneta para o mundo foi um dos meus cozinheiros, o Meia-Noite, que dizia que se você tem garra e vontade, além do conhecimento necessário para atuar na cozinha, pode trabalhar onde quiser. Não só em restaurantes, mas em escolas, hospitais, hotéis, empresas, navios, indústrias, casas de família... Não precisa falar outra língua nem saber ler e escrever, ainda que estudar leve qualquer pessoa ainda mais longe.

Do mesmo jeito que me abriu as portas para tantas oportunidades, tenho certeza de que a gastronomia pode ampliar os horizontes de vida e de humanidade de quem se dedicar a ela com as mãos e com o coração. Sim, porque fazer comida não é só uma questão de aprender a técnica; é preciso também nutrir a alma e a intuição. É desenvolver repertório, sensibilidade e criatividade para abrir a geladeira e saber o que fazer com os alimentos que tem à disposição: pensar que se a banana está muito madura, o bolo vai precisar de menos açúcar; que a cenoura murcha talvez não sirva para a salada, mas pode muito bem virar um purê; conseguir fazer uma panela de arroz sem precisar de medidas exatas.

A formação no Instituto inclui o desenvolvimento de habilidades comportamentais importantes tanto dentro da cozinha quanto em qualquer outro ambiente, como colaboração e trabalho em equipe, empatia, disciplina e organização. Ensinamos também sustentabilidade, cidadania, história, geografia, noções de nutrição e fisiologia e outras disciplinas úteis para navegar na vida, em qualquer profissão. Só em 2023 formamos mais de 5 mil alunos, com idades entre 17 e 80 anos. Saber que estou sendo útil para o mundo e fazendo diferença na vida das pessoas é um grande motivo de orgulho e felicidade para mim.

Em uma viagem recente a trabalho, conheci a psicóloga e

mestranda em gastronomia Natália Tatanka, que, assim como eu, acredita na comida como ferramenta de socialização, bem-estar, saúde mental e transformação social. No contexto do mestrado que cursa na Universidade Federal do Ceará (UFC), Natália ajudou a desenvolver o grupo terapêutico Gastronomia Afetiva, em parceria com o Movimento Saúde Mental, em Bom Jardim, na periferia de Fortaleza. O coração do projeto eram encontros conduzidos por psicólogos, terapeutas comunitários e acadêmicos de gastronomia (alunos e professores) com pessoas em atendimento nos centros de atenção psicossocial da região. Neles, foram organizadas dinâmicas e conversas em torno do alimento, além de degustações de receitas de grande importância cultural. Natália conta que o compartilhamento de experiências pessoais, memórias e emoções ligadas à comida possibilitou momentos de troca de conhecimento, receitas e risadas e se mostrou um apoio importante na assistência de saúde mental dos participantes. Além disso, sentimentos desconfortáveis despertados por certas lembranças ou pela ausência delas foram abordados no acompanhamento individual posterior. Essa foi uma comprovação do poder da comida de gerar entrosamento, inclusão, pertencimento e amorosidade, com benefícios sobretudo para pessoas com dificuldade de socialização.

## Cozinhar é terapêutico

Acho lindo ver a felicidade que minha mãe tem em fazer comida para si mesma. Vira e mexe ela me liga no meio do dia contando, empolgada, sobre uma berinjela deliciosa, um curry incrível ou outro prato maravilhoso que preparou no almoço. Compartilhamos muitas ideias e receitas, mas não o mesmo prazer em cozinhar nossa própria comida.

Cozinhar é uma das melhores coisas que alguém pode fazer quando está em busca de melhorar a saúde e a relação com a alimentação – mesmo eu não fazendo isso na prática. Quem cozinha para si e para a família tende a escolher melhor o que come, além de aumentar o consumo de alimentos frescos e naturais e diminuir o de ultraprocessados, que são um veneno da alimentação moderna. Quando você faz suas refeições, dá para saber exatamente o que está consumindo, a quantidade e a qualidade dos ingredientes que foram usados e como foram preparados.

Mas os benefícios vão além dos nutricionais. Cozinhar funciona como uma terapia – relaxa, estimula a criatividade e ajuda a desenvolver a autonomia e a autossuficiência. Ganhamos a habilidade de atender aos nossos desejos e necessidades e deixamos de depender de comida industrializada e dos aplicativos de entrega.

Cozinhar também pode ser uma espécie de exercício contemplativo ou meditação. Existem monastérios pelo mundo onde os monges meditam cozinhando. Na tradição zen-budista, por exemplo, as tarefas relacionadas com a alimentação são consideradas uma prática espiritual em si. Cortar os ingredientes, preparar os pratos, ajustar os temperos, organizar a mesa, lavar a louça e saborear os alimentos faz parte do treinamento para acalmar a mente, cultivar a atenção plena e alcançar a iluminação. É um ritual alegre, que junta a expectativa de fazer uma refeição prazerosa e a felicidade de transmitir amor às pessoas queridas por meio da comida. Assim como a meditação convida a observar os pensamentos e nos conectar com nossos sentidos, cozinhar o que vamos comer nos ensina a aceitar os resultados do nosso esforço. A menos que você seja um chef profissional e esteja trabalhando em um restaurante, não existe um jeito certo ou errado de fazer.

Umas das coisas que mais adoecem as pessoas hoje é a desconexão com o ato de comer, a falta de atenção ao que levam à boca, comendo sem prazer e com ansiedade, muitas vezes em pé e com pressa, rolando a tela do celular com uma das mãos e levando o garfo à boca com a outra. Com a vida corrida e desatenta que tanta gente leva nos dias de hoje, é compreensível que se tenha dificuldade para encontrar tempo para fazer a própria comida. Comprar tudo pronto ou pedir delivery é mais fácil. Isso não necessariamente torna a alimentação menos saudável, mas nos afasta do hábito básico de cozinhar.

Cozinhar também é uma ótima atividade a se fazer com os filhos, aproveitando o momento para conversar, nutrir o vínculo familiar e educar sobre alimentação. É muito gostoso para as crianças receber uma comida feita pela mãe ou pelo pai, e não do delivery. Muitos de nós guardamos lembranças de quando visitávamos nossos avós e passávamos um tempão na cozinha, ajudando e aprendendo receitas. A pandemia acabou, ainda bem, mas para muitas famílias e pessoas que moram sozinhas deixou o legado de ter sido um tempo em que aprenderam a cozinhar ou conseguiram melhorar a qualidade da alimentação porque puderam dedicar mais tempo a preparar as próprias refeições.

No meu trabalho cuidando da cozinha de escolas, tenho contato com mais de 2 mil alunos, entre crianças e adolescentes. Na medida do possível, gosto de entender seus gostos e hábitos. Bato muito na tecla de que é fundamental ensinar desde cedo sobre ingredientes, treinar o paladar, falar da comida de diferentes partes do Brasil e do mundo. Essa tarefa cabe principalmente aos pais, podendo ser compartilhada com a escola. Por incrível que pareça, há crianças que não sabem que a manga nasce no pé, tem caroço, precisa amadurecer e ser colhida por alguém antes de ser descascada e vendida em uma embalagem de supermercado comprada pela mãe ou pelo pai. É triste ver como algumas crescem distantes da realidade, em famílias que terceirizam as decisões ligadas ao comer.

É possível e pode ser muito divertido, além de benéfico, transformar os momentos em torno da comida em algo lúdico. Ir com as crianças ao supermercado, deixar que escolham os ingredientes para a receita que vão preparar juntos e aproveitar para apresentar novos alimentos. Depois voltar para casa e cozinhar a quatro mãos (ou mais!), começando por pratos simples, que geralmente agradam aos pequenos e eles podem facilmente ajudar, como purê, almôndegas, bolovo (ovo cozido envolto em carne moída, depois empanado e frito). Um programa que gosto de fazer com minhas filhas é, uma vez por semana, ir a um restaurante com culinária de uma região diferente do mundo – Ásia (japonês, coreano, chinês, tailandês, indiano), Oriente Médio (libanês, sírio), Europa (grego, italiano, escandinavo), e assim por diante. Conversamos sobre o que e como as pessoas comem naquele país, como é o clima, quais ingredientes são comuns. Se não for possível sair ou não houver tanta variedade de lugares como há em São Paulo, dá para pesquisar na internet sobre a comida de algum lugar do mundo, escolher uma receita de prato ou sobremesa e preparar juntos.

Ninguém precisa saber cozinhar como um chef para comer melhor ou preparar receitas gostosas. Também não é necessário gastar um tempão na cozinha, conhecer receitas elaboradas ou usar ingredientes sofisticados. Quanto mais você pratica, melhor fica, mais tem ideias e mais sente prazer em cozinhar. É uma receita que nunca dá errado.

# Minha vida depois de descobrir que gosto de cozinhar

**ARTHUR**

*Até pouco tempo atrás eu não cozinhava. Quando me separei da minha primeira esposa, meus dois filhos eram pequenos, e eu não tinha ideia do que fazer para eles quando estavam comigo. Só sabia preparar ovo mexido com ketchup e alguns sanduíches incrementados. Na maioria das vezes nem estava delicioso, mas eles adoravam. Era um prazer e uma grande alegria: para mim, por ver que eu era capaz de cozinhar alguma coisa, e para eles, por comerem a comida feita pelo pai, ainda por cima com certa bagunça na cozinha, como as crianças gostam. Quando terminávamos de comer, eles pediam: "Papai, você pode fazer isso outra vez?" Cozinhar tem isso de ritual compartilhado e de se divertir junto, o que muitas vezes conta mais do que fazer uma comida gostosa.*

*O tempo passou, minha vida e minha rotina mudaram. Hoje é Daniela, minha esposa, quem cuida oficialmente das refeições em casa. É um deleite para ela, que adora a função e tem uma* cozinha de profissional, superequipada, e para mim, pois acabo comendo como um rei. Chegar do trabalho depois de um dia puxado e ver a mesa posta, com pratos, talheres e taças bonitas, e sentir o cheiro da comida ficando pronta, é um presente que aguça os sentidos e estimula a fome, nos preparando para desfrutar o ritual da alimentação com alguém que amamos.

Eis que ultimamente tenho tido vontade de cozinhar. Tudo começou durante umas férias da Daniela, quando me vi sozinho em casa – melhor dizendo, na companhia de Franc apenas –, com a cozinha inteira para mim. Desde então, descobri uma enorme satisfação em colocar uma música para tocar, separar os ingredientes, picar temperos, monitorar o tempo de cozimento do macarrão, acertar o sal e, entre uma coisa e outra, puxar conversa com Franc e oferecer a ele um pedaço do que eu estiver preparando. Às vezes até gravo um vídeo para mostrar mais tarde a quem duvidar da minha performance culinária. Já me aventurei em várias receitas e me especializei em uma: camarões grelhados na churrasqueira, que tenho o maior prazer em preparar e compartilhar com família e amigos em minha casa de praia. Minha comida nem sempre fica muito saborosa e ainda não tenho um vasto repertório de receitas, mas já vou além do básico ovo mexido com ketchup. A intenção não é me tornar profissional, como Daniela ou Morena, e sim relaxar e me divertir.

Cozinhar virou um hobby para mim, assim como é para muita gente. É importante para todo mundo encontrar tempo na rotina para dar vazão a alguma atividade que desperta interesse e, ao mesmo tempo, traz prazer, distrai os pensamentos e ajuda a descansar em meio à vida corrida. Ter um hobby pode melhorar muito a saúde mental porque aumenta a satisfação com a vida, o bem-estar e a sensação de pertencimento, quando nos envolvemos com um grupo ou fazemos aulas coletivas, em que podemos trocar ideias e experiências com outros com entusiasmo semelhante. É especialmente benéfico para pessoas na terceira idade, que costumam ser mais isoladas socialmente. Dependendo do passatempo escolhido, pode também estimular a criatividade, melhorar o condicionamento físico, elevar o humor e reduzir o estresse, além de ser um estímulo cognitivo significativo. A culinária ainda ajuda muita gente a melhorar a qualidade da própria alimentação e a relação com a comida.

Tive um paciente adicto que, como é de se esperar, se alimentava muito mal, à base de comida pronta e ultraprocessada. Ele morava sozinho e trabalhava em casa na maior parte dos dias, mas almoçava fora porque não tinha o costume de fazer compras planejadas e cozinhar. Quando me contou que gostaria de conseguir comer melhor, até para perder um pouco de peso, sugeri que ele passasse a ir à feira, já que havia uma no bairro. Ele resolveu tentar.

Em pouco tempo já tinha adquirido o hábito: ia à feira uma vez por semana, voltava para casa e passava parte da tarde na cozinha, preparando os alimentos e porcionando refeições para congelar e ter comida saudável a semana inteira. Essa nova rotina o ajudou a se conectar com a comida e a diminuir o uso da droga. Passar fome não é bom para a fissura, o desejo incontrolável de consumir alguma substância nociva. O fato de ter comida em casa o ajudou a se manter abstinente por mais tempo, embora ainda tivesse recaídas. O interesse por pesquisar receitas e tentar reproduzi-las, conhecer ingredientes e testar modos de *preparo também trouxe um novo sentido para o cuidado desse paciente com sua saúde. Isso pode acontecer com qualquer um que se dê a chance de passar mais tempo na cozinha e preparar algumas refeições.*

*De fato, parar para preparar uma comida gostosa no fim de um dia cheio funciona para mim como uma válvula de escape das preocupações. Às vezes pode dar errado, não chegar aos pés do que minha esposa faz, e tudo bem. Ninguém é bom em tudo. Nem quando eu praticava triatlo e me destacava na minha categoria eu era uma unanimidade. A maioria das pessoas só se lembra de histórias de sucesso e as usa como modelo ou fonte de inspiração para tudo que se propõem a fazer, mas a verdade é que atrás de quase todo sucesso existe uma sequência de alguns ou muitos erros e fracassos. São eles que nos impulsionam.*

*Por exemplo, eu nado muito mal. Comecei a praticar natação tarde na vida, quando decidi que queria ingressar no triatlo. Mesmo com todo treino do mundo, preciso admitir que nadar não é o meu forte e que continuo nadando mal. Alguns conhecidos brincam que eu não nado, apenas sobrevivo na água, e é mais ou menos isso mesmo. Mas até os bons podem falhar. Tenho um amigo excelente nadador com quem já disputei muitas provas. Toda vez que eu ficava sabendo que participaríamos da mesma competição, engolia meu orgulho e já largava preparado para ficar atrás dele no mar. Um dia, eu saía da água depois de cumprir a etapa de natação da prova e me deparei com ele sentado na praia, o semblante cansado. "Hoje não deu, não consigo mais", disse ele sem que eu precisasse perguntar, pois viu meu olhar de surpresa. Em outra ocasião, cruzei com outro colega ótimo nadador agarrado ao barquinho de apoio em alto-mar* enquanto eu ainda tinha energia para terminar a etapa. "Quebrei", ele falou. "Quebrar" é a gíria que se usa no esporte quando o corpo não aguenta mais o esforço e é preciso parar antes do fim de uma competição. Pode ter sido coincidência, mas bati meu recorde pessoal na natação nessas duas ocasiões. Ou pode ter sido o fato de me sentir estimulado a dar o meu melhor sabendo que dois adversários de peso estavam fora do páreo.

Todos temos nossas fraquezas e fortalezas. É claro que é importante buscarmos melhorar nossos pontos sensíveis, mas mesmo assim estaremos expostos ao erro e à falha. Uma situação de fracasso pode nos levar à constatação de que não estávamos preparados o suficiente ou de que o desafio em que nos metemos era maior do que imaginávamos. Aí, tudo bem desistir ao perceber que chegamos ao nosso limite. Isso é falhar com inteligência, o que é uma grande lição de saúde mental. Ninguém é cem por cento infalível e invulnerável. Duvide se alguém vier com a proposta de transformar você em uma máquina supereficaz, seja de rendimento esportivo, produtividade no trabalho, desempenho cognitivo ou o que quer que seja. Por outro lado, também é válido saber que ninguém é totalmente incapaz, embora a cabeça e a insegurança muitas vezes joguem contra, nos fazendo duvidar de nós mesmos. Somos potência e fragilidade ao mesmo tempo, o tempo todo, em tudo que fazemos.

# Peixe com escamas de banana-da-terra com pirão de caranguejo e pastel de vento

Rendimento: 4 porções

## · Ingredientes ·

### Peixe

- 4 filés de peixe (180g cada)
- 1 limão taiti (raspas e suco)
- Sal e pimenta-do-reino a gosto
- 60ml de azeite de castanha
- 1 banana-da-terra madura

### Pirão de caranguejo

- ½ cebola picada
- 2 dentes de alho
- 60ml de óleo de coco

- ½ pimentão amarelo, sem sementes, picado em cubos
- ½ pimentão vermelho, sem sementes, picado em cubos
- 2 tomates maduros picados
- 200g de carne de caranguejo catada
- Sal e pimenta-do-reino a gosto
- 200ml de leite de coco
- 80g de farinha de mandioca
- 1 colher (sopa) de urucum moído (opcional)
- Broto de coentro a gosto (opcional)

## Farofa de mandioca
- ½ cebola
- 50ml de óleo de coco
- Sal a gosto
- 100g de coco fresco ralado
- Flor de sal a gosto
- 120g de farinha de beiju

## Pastel de vento
- 250g de farinha de trigo
- Sal a gosto
- 2 colheres (sopa) de óleo
- 1 colher (chá) de cachaça
- ½ copo de água morna
- Óleo para fritura

# · Modo de preparo ·

## Peixe

Tempere os filés com o suco e as raspas do limão. Acrescente sal e pimenta-do-reino.

Aqueça uma frigideira ou chapa de ferro com fundo grosso, regue com o azeite e sele os filés dos dois lados, rapidamente. Para evitar que o peixe grude, seque um pouco os filés com papel--toalha antes de selar.

Corte a banana-da-terra em lâminas e passe na mesma chapa onde selou o peixe. Acomode as lâminas sobre os filés, sobrepondo-as como se fossem escamas. Finalize no forno por 5 minutos antes de servir.

## Pirão de caranguejo

Doure os dentes de alho e a cebola em uma panela com o óleo de coco. Adicione os pimentões e cozinhe até que fiquem macios. Junte os tomates e a carne de caranguejo catada. Refogue bem e tempere com sal e pimenta-do-reino.

Incorpore o leite de coco e, se necessário, um pouco de caldo de peixe ou de legumes. Engrosse a mistura com a farinha de mandioca, derramando aos poucos sem parar de mexer.

Se desejar, finalize com o urucum moído e o broto de coentro.

## Farofa de mandioca

Doure a cebola em uma frigideira com o óleo de coco, adicionando o sal para que a cebola libere aroma e suco. Junte o coco fresco ralado, a flor de sal e a farinha de beiju para tostar um pouco e ficar crocante. Corrija o tempero se necessário.

## Pastel de vento

Em uma tigela grande, misture a farinha de trigo, o sal, o óleo e a cachaça. Acrescente a água aos poucos, mexendo até formar uma massa.

Transfira a massa para uma superfície levemente enfarinhada e sove por 5 a 10 minutos, até ficar lisa e elástica. Envolva a massa em filme plástico e deixe descansar por 30 minutos.

Abra a massa com um rolo até ficar bem fina. Dobre-a sobre si mesma e corte com um cortador ou molde em formato de caranguejo.

Frite os pastéis em óleo aquecido a 180°C. Retire com uma escumadeira e deixe descansar em uma grade de bolo ou no papel-toalha para retirar o excesso de óleo.

## Montagem

Coloque o pirão num prato, deposite delicadamente o filé com as escamas de banana-da-terra sobre ele e a farofa e o pastel ao lado.

# Capítulo 6

# Gula: pecado ou prazer?

**MORENA**

Na ilha japonesa de Okinawa, uma das cinco Zonas Azuis, é comum as pessoas entoarem estas três palavras antes de começarem uma refeição: *hara hachi bu*. Literalmente, quer dizer "estômago a 80%". Repetir essa espécie de mantra é uma forma de se lembrarem de parar de comer quando estiverem 80% saciados, ou seja, com o estômago quase cheio. A ideia por trás do *hara hachi bu* é que a moderação, combinada com o consumo de alimentos com alta densidade nutricional, permite que o organismo processe a comida de forma mais eficiente e evita a ingestão de calorias em excesso – assim como seus efeitos negativos para a saúde, como ganho de peso e doenças ligadas aos exageros alimentares. Para essa que é uma das populações mais longevas do mundo, comer menos é viver mais. Alguns hábitos dos japoneses favorecem na hora de colocar o mantra em prática: comer devagar, sem distrações e usando pratos e tigelas pequenas, o que influencia no tamanho das porções.

A abordagem consciente e equilibrada dos habitantes de Okinawa com relação à dieta não poderia ser mais destoante do que vemos como tendência de alimentação no Ocidente hoje. Enquanto lá eles comem o suficiente para satisfazer a fome, a maioria de nós deste lado do planeta come até não aguentar mais, quase sempre em busca de prazer instantâneo. De maneira geral, as pessoas comem muito mais do que o corpo precisa. Fico agoniada quando vejo alguém se entupindo de comida, engolindo sem mastigar. Dependendo do grau de intimidade, não me importo de bancar a chata e dar um toque, para que a pessoa traga a atenção de volta ao comer. Sou o oposto da *mamma* italiana, que quer ver os outros comendo sempre mais um pouco, e de muitas mães e pais, que ensinam aos filhos que o certo é limpar o prato.

É claro que todo mundo exagera na comida de vez em quando. Quando você está em um ambiente afetivo ou de celebração com comida gostosa, como um almoço em família ou uma festa cheia de amigos, repetir o prato ou a sobremesa só pelo prazer, e não por fome, não é necessariamente um problema, faz parte da dimensão social do comer. Ou quando, em uma viagem, prova alguma coisa muito boa e não sabe quando vai poder voltar àquele lugar, comer bastante é como querer levar o sabor com você para casa ou fazê-lo durar mais tempo na lembrança.

O problemático é quando o excesso se torna um padrão de comportamento. Quando a pessoa não sabe o que é comer com equilíbrio e consciência, faz escolhas ruins e se descontrola na quantidade o tempo todo. Esse exagero normalmente é uma tentativa de tornar a comida um refúgio emocional, uma forma de compensar angústias e dores, não é comer porque está gostoso, por fome ou vontade. É um tipo de gula que aprisiona e traz prejuízos para a saúde física (com ganho de peso e risco de desenvolver diabetes e doenças cardiovasculares) e mental (porque gera sofrimento, culpa, arrependimento e piora a autoestima). Se for difícil fazer isso sozinho, a saída é procurar ajuda de um especialista.

A pressão estética, que confunde magreza com beleza e saúde, aumenta a vulnerabilidade a comer com gula porque joga muita gente no ciclo de fazer dieta restritiva, evitar alimentos "proibidos" e seguir regras rígidas sem saber bem por quê. Só que tudo que é proibido vira desejo, e aí a tendência é comer com ansiedade e exagero, como se fosse a última oportunidade de ter aquilo à disposição.

Em uma fase da vida em que estava vulnerável, outra amiga muito querida se deixou influenciar por "desnutricionistas" da internet – como ela chama o número enorme de profissionais que propagam desinformação e modismos de alimentação nas redes sociais – e embarcou na onda de fazer dietas restritivas. Até então, ela nunca tinha tido conflito com a comida ou insatisfação com o corpo, mas, fragilizada, viu na comida uma compensação emocional. Ela estava profundamente descontente na profissão que exercia na época – havia se formado, feito estágio e pós-graduação na área de direito, mas não se via mais trabalhando com aquilo. Triste e entediada, passava um tempão nas redes sociais e começou a fazer todo tipo de dieta maluca, que – hoje ela consegue reconhecer – não limitaram apenas as calorias na alimentação, mas sua vida social, sua saúde física e, principalmente, sua saúde mental.

Depois de colocar a vida pessoal nos eixos e voltar a se dedicar a outra faculdade que lhe dá prazer e em que vê sentido, minha amiga ficou mais forte para reeducar a alimentação com a ajuda de uma verdadeira nutricionista que a ajudou a entender que ela estava usando o comer para anestesiar sentimentos difíceis. A comida deixou de ser o centro da vida, algo que ela achava que precisava controlar totalmente, para voltar a ser uma fonte de energia para o corpo e alegria para a alma.

Comer com prazer não é enfiar o pé na jaca, chutar o balde ou liberar geral. É comer com presença, saboreando de verdade o alimento. Assim é possível ficar satisfeito com porções menores mesmo que seja de sua comida preferida. É só fazer o teste. Isso é moderação. Comer com prazer é diferente de comer com gula.

## A gula para além da boca

Na tradição cristã, a gula é o pecado capital caracterizado pelo excesso e pelo abandono de si. Assim como os demais pecados capitais, foi estabelecida no contexto da Idade Média, época em que comer muito, assim como ter um corpo gordo, estava associado a riqueza. Havia a ostentação dos privilégios da classe alta, que desfrutava de banquetes fartos, alimentos e bebidas nobres e especiarias exóticas enquanto o restante da população enfrentava escassez e fome. Era, portanto, um comportamento condenável.

Os pecados capitais são chamados assim, "capitais", porque são entendidos como a origem de outras transgressões, que, se não forem combatidas, podem afastar o indivíduo de uma vida equilibrada e virtuosa. (O termo "capital" vem do latim *caput*, que significa cabeça ou principal.) Comer sem fome, no piloto automático, só porque está diante do prato; gastar muito dinheiro com comida ou comer por status; desperdiçar alimentos enquanto há muita gente passando fome; não compartilhar ou não ser generoso com quem não tem o que comer são exemplos de variações da gula, pelos olhos da religião católica, e fazem total sentido na nossa realidade atual.

Ainda que comer exageradamente em busca de prazer imediato seja a versão mais conhecida da gula, não é a única manifestação desse pecado. A gula representa querer sempre mais de alguma coisa, sem nunca chegar a um estado de satisfação. Mais do que o desejo insaciável por comida, também é considerado gula consumir desenfreadamente, acumular dinheiro e bens materiais sem limites, perseguir o poder e o controle sobre os outros a qualquer custo, dar muito valor à vaidade e às aparências. Na era dominada pela tecnologia, a fome desmedida de likes e seguidores nas redes sociais, o hábito de devorar conteúdo e se empanturrar de informação sem qualidade ou profundidade, e não de conhecimento que nutre a mente e o espírito, também são variantes da gula.

Vivemos em um mundo em que quanto mais têm, mais as pessoas querem ter. E a cada bem adquirido ou meta alcançada, estabelecem novos objetivos, mais distantes, sem se dar conta de que têm tudo de que precisam para levar uma vida boa. As conquistas e os momentos deixam de ser especiais porque é como se vivessem de olho no futuro e não no presente, com foco no que não têm, sem desfrutar o que têm. Com medo de perder o que acumularam, ficam egoístas e se esquecem de olhar para o lado. O mundo passa a ser o próprio umbigo.

Para quem tem filhos pequenos, como eu, é um desafio educá-los no mundo de hoje tendo consciência de que a felicidade não se resume às coisas materiais e que nem sempre é possível ter tudo que se deseja. A possibilidade de crescerem alienados, ainda mais quando vivem uma situação privilegiada, é real se os pais não colocarem limites e ensinarem que às vezes não tem jeito, terão que lidar com a frustração. Viajo muito e preciso me conter para não encher as malas com mimos para as minhas filhas: roupas, objetos e brinquedos que sei que elas adorariam ganhar e eu poderia comprar. Mas me contenho. Em casa, elas estão acostumadas a ganhar presentes no aniversário e no Natal. Me esforço para mostrar que os momentos que passamos em família, todos juntos, são mais valiosos do que qualquer presente.

Uma vez, quando eu devia ter uns 8 anos, estava brincando com algumas amigas em Trancoso e uma delas, de família rica, falou, querendo se exibir: "Sabia que meu pai foi me buscar na escola de Jaguar hoje?" Na maior ingenuidade, outra menina, rebateu: "O quê? Foi te buscar de jegue?" Hoje Trancoso é um dos destinos mais caros e luxuosos do Brasil, mas há 40 e poucos anos era uma vila de pescadores, não tinha água encanada nem energia elétrica, só lampião. Para cozinhar, esquentava-se a água no fogão a lenha. Ninguém ligava para roupas de marca e carros de luxo. Não existia celular, Instagram nem TikTok, e a comparação e a competição entre as pessoas não era feroz como hoje, em tantos aspectos da vida. Atualmente, as crianças crescem conectadas às mesmas referências, querem as mesmas coisas, vestem-se do mesmo jeito e ouvem as mesmas músicas. Faz parte do processo de ser aceito e pertencer a uma tribo.

Muita gente come simplesmente pelo status de ir a determinado restaurante, comandado por algum chef estrelado, só porque todo mundo está indo. Em certos meios sociais, existe um tipo de competição, como se isso servisse para medir o valor, a importância ou a influência de alguém. O status vale para tudo. Vejo isto o tempo todo: em pleno verão na Bahia, algumas pessoas – mulheres principalmente – levam na mala planilhas para saber o que vestir em cada momento de cada dia das férias! E existem aquelas que moram em casas lindas e chiques, mas com a personalidade do decorador, e não do dono. Não têm referências e vontade própria, pois vivem para se encaixar em determinado padrão e pertencer a certo grupo. Gente rica de dinheiro, mas pobre de espírito.

## Consciência contra o excesso

Já fui convidada para cozinhar em vários restaurantes, eventos e festivais, em dezenas de países, sempre sendo bem recebida e tendo acesso ao que há de mais incrível quando o assunto é comida. Adoro essa vida, mas em certo momento senti falta de estar do outro lado e viver a experiência do que é ser cliente das mesas mais celebradas. Em 2017, pensando em me reciclar profissionalmente, embarquei em uma jornada de dois anos para conhecer os melhores restaurantes do mundo segundo o ranking The World's 50 Best Restaurants, que todo ano elege estabelecimentos dos cinco continentes. Foi uma aventura e tanto, uma maratona entrar na fila virtual no dia certo para reservar cada mesa, organizar voos e hospedagens e cruzar oceanos atrás dos restaurantes mais bem avaliados da gastronomia mundial.

Visitar muitos desses lugares é como estar em uma ópera, em que tudo – o cenário, a música, a luz, o figurino do elenco – é lindo e pensado para criar uma atmosfera de sonho. Foi muito inspirador, até que comecei a me questionar qual seria o propósito daquilo tudo: "É o tipo de experiência que eu gostaria de oferecer às pessoas? É nisso que acredito? Transformar a cozinha em um laboratório de ciências e gastar várias horas para reconstruir alimentos em formatos e texturas que não existem na natureza?" Com todo o respeito à gastronomia molecular e tantas outras tecnologias e inovações que têm seu valor e merecem ser conhecidas, tive certeza de que o que faz meu coração bater mais forte é uma cozinha autêntica e simples. Por que passar nove horas para criar uma pera que tem gosto, mas não aparência de pera, se levar a fruta para assar no forno com um pouco de mel já fica delicioso? O melhor chef do mundo, para mim, é Deus. E não existe luxo maior do que saborear uma fruta colhida no pé, direto do seu quintal, ou a comida preparada na hora pela mãe, a avó ou a cozinheira que ama o que faz.

Já preparei receitas com a língua do bacalhau e outras iguarias exóticas. Hoje pergunto a mim mesma qual caminho nós, chefs de cozinha do planeta, vamos seguir: gastar fortunas com ingredientes refinados e experiências exclusivas ou nos unir para erradicar a fome e diminuir a desigualdade entre quem tem muito e quem não tem quase nada para comer?

Em um país em que milhões de pessoas enfrentam a insegurança alimentar, o compromisso com o combate à fome e ao desperdício de alimentos é da conta de todos os indivíduos, e não somente dos governos. Temos não apenas que nos incomodar, mas arregaçar as mangas para amenizar o sofrimento dos mais vulneráveis e diminuir esse abismo.

Minha amiga Daniela Leite é uma inspiração para mim nessa causa. Ela é idealizadora e CEO da Comida Invisível, plataforma que conecta empresas e pessoas dispostas a doar alimentos que seriam descartados (seja porque estão fora do padrão para serem comercializados no varejo ou como excedente de produção) e ONGs que os distribuem a quem precisa. Dani conta que a ideia do projeto nasceu de um momento de lazer na cozinha. Em um dia qualquer, ela queria fazer geleia e precisava de frutas maduras, mas não as encontrava no supermercado. Resolveu ir ao Ceagesp, em São Paulo, e lá se deparou com pilhas de abacaxis, mangas e mamões perfeitos para consumo, mas jogados no chão como se fossem lixo porque já não tinham valor de venda no mercado. Ela conta que sentiu indignação diante daquela cena e na hora se lembrou de seu primeiro emprego, ainda adolescente, em um albergue noturno para pessoas em situação de rua. "Foi como se em cada fruta eu visse o rosto de uma das tantas pessoas que, todos os dias, poderiam se beneficiar daquele alimento que estava sendo dispensado", desabafa.

A indignação da minha amiga só aconteceu porque ela cresceu em uma família que a ensinou a honrar o alimento como algo sagrado, definindo a relação que tem hoje com a comida. A própria ideia de fazer geleia em casa, em vez de comprar um produto pronto, é uma demonstração de respeito e conexão com o alimento. Ela tinha uma avó que morava no interior de São Paulo, gostava de tudo que vinha da terra e tinha um quintal cheio de árvores frutíferas, que escalava até o último galho para colher as frutas maduras. Cultivava na horta de casa o que cozinhava para a família e não jogava nada fora, tinha mil e uma receitas para usar todas as partes dos alimentos.

Há alguns anos adotei no Capim Santo a filosofia de aproveitar o máximo possível dos ingredientes nas receitas. Da casca do abacaxi fazemos uma bebida fermentada e a do maracujá vira compota, enquanto as sementes do maracujá servem para fazer farinha. Isso é algo que todo mundo pode e deve fazer em casa também: um legume amolecendo na geladeira pode virar purê; uma banana escurecendo vai para o bolo; a casca do melão, temperada com sal, azeite e limão, vira um refogado crocante, e as sementes, batidas com água e coadas, rendem um leite maravilhoso. Em muitas frutas e vegetais, a maior concentração de nutrientes está justamente nas partes descartadas. Cozinhar, afinal, não é só técnica. É criatividade, responsabilidade e apreço pelo alimento em toda a sua potência, incluindo a cadeia envolvida em sua produção, do agricultor até chegar à nossa mesa.

Essa é uma revolução que está apenas começando, e uma boa notícia é que as gerações mais novas, em parte influenciadas pela ativista e ambientalista sueca Greta Thunberg, são muito mais conscientes do que as anteriores sobre os impactos sociais e ambientais de questões ligadas ao consumo de alimentos. Por exemplo, até pouco tempo atrás as pessoas entendiam que a dieta mais saudável incluía 200 gramas de carne todo dia. Hoje sabemos que, além de isso não ser necessário porque existem fontes alternativas de nutrientes, o planeta não suporta tamanha demanda de consumo, levando em conta a emissão de gases resultante da criação intensiva de gado e o desmatamento de áreas para essa finalidade. Há ainda o argumento social, de quem não quer fazer parte de um sistema de produção que cria condições inaceitáveis de cuidado com o gado, da criação até o abate, e de processamento da carne, incluindo embalagem, armazenamento e transporte. Precisamos estar dispostos a sair do piloto automático, quebrar paradigmas, compartilhar conhecimento e pensar no comer como algo sustentável para todos.

Em uma sociedade como a nossa, que valoriza as aparências, sabemos que comer um prato à base de talos e cascas de vegetais no Capim Santo ou em outro restaurante moderno de São Paulo é visto como bacana e engajado. Mas em uma comunidade ou escola pública de uma cidade pequena pode não ser encarado da mesma forma, por ser considerado "comer as sobras". Tudo isso por falta de informação e educação – por isso é que Daniela abraçou essa causa e a transformou em seu propósito de vida. Como ela, todos nós deveríamos nos tornar soldados comprometidos na batalha contra o desperdício de alimentos, tanto na prática, começando em casa, quanto trabalhando como pudermos para multiplicar boas ações.

# Sobre saborear a vida e a comida sem gula

**ARTHUR**

*Vivemos em um mundo acelerado, que nos cobra pressa para devorar tudo à nossa volta: a informação que inunda nossos dispositivos eletrônicos, os relacionamentos que criamos sem conseguir nos aprofundar, os fragmentos de aprendizado que engolimos sem mastigar. Diante do excesso de estímulos e rapidez, muitos de nós só sabem viver movidos por recompensas imediatas: desejam amores que os deixem inebriados no primeiro encontro, reconhecimento rápido e sem esforço no trabalho, muito dinheiro em pouco tempo. Mal têm tempo para degustar a possível felicidade contida nos pequenos momentos e nas grandes conquistas e já estão de olho no próximo bocado de novidade. Nesse ritmo, o prazer fica diluído e sem graça, deixando as pessoas em uma permanente insatisfação, sempre em busca de mais. É um comportamento de gula, em um sentido figurado.*

*Assim como a gula à mesa, a voracidade que domina os hábitos e a mentalidade de muitos hoje em dia cobra seu preço.*

*Tem gente que come o prato principal pensando no que virá de sobremesa. Que toma café da manhã pensando no almoço e almoça pensando no jantar. Nada contra, pode acontecer uma vez ou outra com todo mundo, em circunstâncias específicas para cada um. O problema é viver focado no futuro e, assim, deixar de apreciar o sabor do presente. Nas experiências da vida, assim como na alimentação, quantidade não quer dizer qualidade.*

*Gula, agora no sentido literal, é quando se come em excesso, pensando apenas no prazer daquele momento. Por vontade ou porque está muito gostoso, ingerimos mais do que o corpo necessita. Não é um distúrbio alimentar, como anorexia e bulimia, nem é necessariamente um problema quando acontece de vez em quando, e não como um padrão de comportamento. Se não traz prejuízo para a vida social, emocional e física (afinal, pode fazer a pessoa ganhar muito peso se não houver consciência e controle), não há por que se preocupar. Eu, como todo mundo, sou guloso para algumas coisas, como chocolates de uma marca específica, que (para minha sorte ou não) com frequência ganho de presente dos pacientes. Se tiver uma caixa deles na minha frente, sei que corro risco de perder o controle. Não deixo de comer, então tenho minhas estratégias para evitar exageros: deixo no máximo dois bombons ao meu alcance, o resto peço que escondam. Conhece aquele ditado "a ocasião faz o ladrão"? Prefiro não criar oportunidade para a gula.*

*Na visão médica, gula não está no campo patológico (existe o prazer de comer e a pessoa admite que faria tudo de novo em outro momento); a compulsão, sim. Trata-se de um transtorno psiquiátrico em que se ingere rapidamente e sem controle toda a comida que houver pela frente, não importando se está gostosa ou não, e mesmo quando não há fome física. Tive uma paciente que acordava de madrugada e devorava feijão gelado com pão e azeite. O que está em questão é a busca por aliviar alguma emoção incômoda, ansiedade ou estresse; como se fosse possível preencher com comida um buraco na alma.*

*O problema é que a própria compulsão é causa de estresse e ansiedade. Por saber que está fazendo algo inadequado, a pessoa sente culpa, arrependimento e vergonha. O paciente se vê preso em um círculo vicioso: come para aliviar um desconforto emocional, mas fica ainda mais ansioso, estressado e culpado depois de comer. É uma batalha interna entre desejo e autocontrole. O compulsivo dificilmente percebe que tem um comportamento disfuncional. É quem está ao lado – um familiar ou um amigo – que capta que alguma coisa não vai bem. Nenhuma compulsão aparece do nada. É preciso investigar o que a causou para tratá-la de forma apropriada.*

*A compulsão é um diagnóstico por si só. O que acontece é que algumas pessoas a direcionam para a comida, outras para o uso de álcool e drogas, apostas, sexo ou até dinheiro. Em um tratamento, não é raro o paciente se livrar de uma compulsão e desenvolver outra. Por exemplo, parar de usar drogas e começar a praticar esportes exageradamente. Isso não passa a ser um comportamento sadio só porque fazer exercícios físicos é saudável.*

*Para a medicina, a ingestão de bebidas alcoólicas em excesso é um sério problema e pode ser caracterizado como compulsivo (quando existe dependência do álcool) ou não compulsivo (quando a pessoa bebe de forma nociva, embora não haja relação de dependência). Ainda assim, não dá para dizer que seja equivalente à compulsão alimentar. Quando alguém não tem controle sobre o próprio comportamento, se começa a beber, não para mais. Até quer parar, mas não consegue porque é mais forte do que a própria vontade. Pode-se optar por um tratamento em que não é permitido beber nada, como eu defendo. Já com a comida não dá para fazer a mesma coisa – caso contrário, morre-se de fome. É preciso criar uma relação de paz e equilíbrio com ela.*

*O relacionamento muitas vezes ruim que a nossa sociedade tem com a alimentação contribui para quadros de compulsão, que não param de aumentar. Ensinar a pessoa a lidar melhor com a comida, em vez de mandá-la fazer dieta, é a parte principal de um tratamento contra a compulsão.*

*Alguém que sente culpa ao comer acaba comendo mais porque precisará de uma gratificação imediata para compensar o sentimento de que está fazendo algo errado – a comida tem esse papel. Assim, alimenta-se o ciclo de culpa e gratificação. Se perguntarmos para um grupo de pessoas se acham que é saudável ou não comer bolo de chocolate, é possível que a média ou a maioria responda que não é saudável. Na verdade, o que faz um alimento ser saudável ou não é o contexto em que é consumido.*

*Em uma festa de aniversário, não só é saudável como também desejável comer um pedaço de bolo, pois simboliza a celebração e a felicidade do momento. Não seria saudável, por exemplo, tirar uma maçã do bolso enquanto todos se deliciam com o bolo. Quando você se permite comer bolo de chocolate nessa situação, a tendência é se sentir satisfeito em vez de culpado e ter moderação, ficando feliz com um pedaço. Em um contexto de controle e culpa, em que se come escondido por achar que bolo de chocolate engorda, o risco de exagerar é maior. No domingo à noite, quando a família inteira se reúne para comer pizza, o que é mais saudável: acompanhar os parentes ou levar a própria marmita com salada de quinoa e tofu? Comer pizza, é claro. Quem escolhe a outra opção deve ter uma relação ruim com a comida a ponto de se sentir angustiado e culpado só de pensar em comer um pedaço de pizza. A chance de buscar algum mecanismo compensatório mais tarde (provavelmente na comida) é grande.*

*Saúde é um conceito biopsicossocial: depende de um equilíbrio entre fatores físicos, nosso estado mental e emocional e a interação com as pessoas e o ambiente em que estamos inseridos. Quando a alimentação se torna um impedimento para alguém transitar nos lugares e conviver com os outros, deixa de ser saudável – mesmo que só se coma quinoa com tofu. Tentar se aproximar de um comer intuitivo – respeitando o corpo e a fome, sentindo prazer com a comida e aprendendo a curtir o momento e as companhias envolvidas – costuma ser o melhor tratamento para comportamentos alimentares desequilibrados.*

# Galinha-d'angola com limão confit e farofa de maracujá

Rendimento: 4 porções

## · Ingredientes ·

### Galinha

- 2 galinhas-d'angola (aproximadamente 1,6kg cada uma; só o peito e as asas serão utilizados na receita)
- 10 cebolinhas pequenas para conserva ou 4 chalotas em quartos
- Limões confit a gosto

### Salmoura

- 2l de água
- 4 colheres (sopa) de sal
- 2 colheres (chá) de pimenta-do-reino em grãos
- 6 dentes de alho
- 1 pedaço médio de gengibre cortado em lâminas

- 1 limão-siciliano (raspas e suco)
- 1 limão-cravo (raspas e suco)
- 1 limão taiti (raspas e suco)
- 2 ramos de tomilho
- 2 ramos de alecrim
- 2 folhas de louro

## Limão confit
- 1kg de limão-siciliano (também funciona com outros cítricos)
- 500g de sal grosso
- 20g de açúcar demerara
- 2 ramos de capim-santo
- Um pote de vidro para conserva previamente esterilizado

## Farofa de maracujá
- ½ xícara (chá) de aveia em flocos grossos
- 1 colher (sopa) de gergelim preto
- 2 colheres (sopa) de flocos de arroz
- 3 colheres (sopa) de semente de abóbora
- 3 colheres (sopa) de semente de girassol
- 6 colheres (sopa) de azeite
- Sal e pimenta-do-reino a gosto
- Sumac em pó a gosto
- ½ cebola picada
- 1 dente de alho picado
- Polpa de 1 maracujá (90g)
- 1 xícara (chá) de farinha de beiju

## Quiabo

- 120g de quiabo cortado na horizontal
- Sal e pimenta-do-reino a gosto
- Azeite

# · Modo de preparo ·

## Galinha

Separe o peito da carcaça, em ambos os lados, mantendo as asas. Se desejar, reserve a carcaça e as demais partes da galinha para outros preparos.

Retire a ponta das asas e mantenha as coxinhas da asa junto ao peito da galinha.

## Salmoura

Em uma panela, aqueça a água até que as primeiras bolhas se desprendam do fundo.

Dissolva o sal na água e em seguida adicione os grãos de pimenta-do-reino, o alho amassado, o gengibre, as raspas e o suco dos limões, o tomilho, o alecrim e o louro. Espere esfriar.

Deixe o peito com as coxinhas da asa submerso na salmoura já fria por aproximadamente 12 horas.

Passado esse tempo, retire a carne da salmoura, removendo qualquer resquício de erva ou pimenta que tenha aderido. Reserve.

## Limão confit

Lave os limões. Faça um corte em cruz nos frutos com uma boa faca, começando em uma das pontas e parando em ⅔ do caminho – não corte os limões em quartos.

Misture 300g do sal e o açúcar em uma tigela. Recheie cada limão com 1 colher (sopa) dessa mistura.

Coloque os limões no pote de vidro, prensando-os bem. Adicione os ramos de capim-santo, acrescente 1 ou 2 colheres (sopa) de água e cubra tudo com o restante do sal grosso. Feche o pote.

Após uma semana, abra o pote. O nível de água terá aumentado, o que é normal. Nesse estágio, adicione mais um pouco de água, se necessário, para submergir completamente os limões. Feche o pote novamente e deixe por no mínimo 5 semanas no fundo da geladeira.

## Farofa de maracujá

Disponha todos os grãos e sementes em uma assadeira, regue com metade do azeite, tempere com sal, pimenta-do-reino, um pouco de sumac e asse no forno por 8 a 12 minutos ou até dourar. Retire do forno, deixe esfriar e reserve.

Pique finamente a cebola e o alho e refogue com o azeite restante em uma frigideira. Quando a cebola estiver translúcida e o alho, bastante aromático, adicione a polpa de maracujá.

Deixe secar um pouco e despeje a farinha de beiju. Mexa a mistura até que a farinha fique levemente dourada.

Junte a mistura de grãos e sementes torrados, mexa mais um pouco para incorporar e reserve.

## Quiabo

Tempere o quiabo com sal e pimenta-do-reino. Regue uma frigideira com um fio de azeite e sele o quiabo até ficar levemente tostado.

## Montagem

Pegue os limões da conserva e lave-os bem para retirar o excesso de sal. Termine o corte em quartos e reserve.

Disponha os pedaços de galinha em uma assadeira.

Espalhe as cebolinhas ou chalotas e os limões confit em volta da galinha. Asse por 20 a 30 minutos em forno preaquecido a 180°C. Sirva com o quiabo tostado.

# Capítulo 7

# Que o alimento seja seu remédio, e não seu veneno

**MORENA**

"Que seu remédio seja seu alimento e que seu alimento seja seu remédio." A conhecida frase atribuída a Hipócrates há quase 2.500 anos não poderia ser mais atual. Sabemos há bastante tempo que existe uma relação íntima entre hábitos alimentares e saúde. Comer tem o poder de nutrir, conectar, alegrar, fortalecer e curar, mas também intoxicar, estressar e adoecer. Nossas escolhas vão determinar a ação que o alimento terá no corpo, na mente e até no planeta.

Meus pais acreditavam que a comida pode ser uma farmácia natural, pela variedade enorme de compostos benéficos que os alimentos contêm. Eles plantavam frutas, abóbora, milho e mandioca no quintal; era de lá que saía a comida saudável que tínhamos em casa. Quando meu pai teve câncer, ainda bem jovem, minha mãe reforçou seu cuidado com alimentação natural. Até hoje, quando alguém se sente mal em casa, o primeiro pensamento é o que comer ou beber para ficar melhor.

Também sabemos que uma dieta baseada em vegetais (legumes, verduras, grãos, frutas, sementes), moderada no consumo de carnes e livre de comida ultraprocessada é a mais indicada para prevenir e até tratar doenças em alguns casos. Mas, à medida que a ciência avança, fica cada vez mais evidente que não é somente o que escolhemos comer que importa para a saúde. O comportamento e a relação com a comida também contam. Consumir alimentos frescos, naturais e diversificados e evitar comida pronta é importante, mas isso fará menos efeito se as emoções estiverem desequilibradas.

Conheço pessoas que não fazem exercício, dormem pouco e sabem que deveriam comer melhor, mas se sentem saudáveis porque nutrem relações verdadeiras e dedicam-se a um trabalho com propósito, por exemplo. Por outro lado, vejo outras que têm hábitos exemplares, mas vivem de mau humor e cultivam emoções nocivas a si e àqueles que as cercam. Ou que se alimentam segundo regras rígidas e não se permitem pequenos prazeres. Rancor, medo, raiva, privação e culpa podem envenenar mais do que a comida considerada não saudável, porque provocam altos níveis de estresse, modificam o comportamento, o metabolismo e o apetite. Alguém pode comer só produtos orgânicos, mas se vive e se alimenta em um ambiente tóxico, com pessoas de que não gosta, triste e distraído, a comida pode fazer mais mal do que bem.

Para mim, o alimento é remédio para o corpo e a alma quando as refeições são feitas em boa companhia, com prazer e consciência, em paz com a comida e sem neura de que vai engordar, pesar ou fazer mal. E pode se tornar veneno quando o comer é exagerado, motivado por outras questões que não a fome ou a vontade.

Na minha infância não se falava em sustentabilidade, mas usávamos o conceito na prática, ainda que sem saber. Pegávamos água no poço e esquentávamos no fogão a lenha para cozinhar. A luz era do lampião. Como não havia saneamento nem caminhão de lixo, minha mãe aproveitava ao máximo os alimentos e fazia a compostagem dos resíduos; não tinha outro jeito. É claro que são tempos que não voltam e o progresso tornou a vida melhor e mais fácil. Meu ativismo atualmente é pelo retorno a um modo mais simples e autêntico de cozinhar e comer, respeitando rituais, compartilhando a mesa e memórias afetivas, conectado com a natureza e as pessoas que produzem o alimento, assim como com o próprio corpo e seus sinais de fome e saciedade. Dessa forma, comer se torna cura para o corpo e a alma. Quero ajudar as pessoas a encontrar na comida uma fonte de vitalidade e alegria.

No mundo inteiro, a alimentação hoje é pautada pela escassez e pelo excesso. Enquanto mais de 3 bilhões de pessoas enfrentam algum tipo de insegurança alimentar, isto é, não têm acesso regular e permanente a alimentos para assegurar sua sobrevivência, uma quantidade imensa de comida é jogada no lixo todos os dias. Segundo a Organização das Nações Unidas para a Alimentação e a Agricultura (FAO), 14% de tudo que é produzido se perde entre a colheita e os mercados. Do que chega ao varejo, 17% são desperdiçados. E só aumenta a quantidade de indivíduos que enfrentam a obesidade, condição de saúde influenciada por fatores genéticos, biológicos e comportamentais, inclusive uma dieta inadequada. Nunca se falou tanto em nutrição e alimentação saudável e, mesmo assim, nunca vimos tantos problemas relacionados a peso e dificuldades com a comida, de sobrepeso a insatisfação corporal, diferentes transtornos alimentares e doenças crônicas, como as cardiovasculares e o diabetes. Por que será? Comemos sem consciência, em excesso, sem prestar atenção na qualidade e no contexto. Tudo isso combinado e transformado em rotina favorece o surgimento das doenças crônicas, que se instalam ao longo do tempo e estão entre as principais causas de morte no Brasil e no mundo.

Durante a pandemia de covid-19, depois de ficar isolada com minha família por mais de um ano em Trancoso, decidimos ir viver um período na Amazônia. Encontramos uma casa na beira do rio Tapajós, em Alter do Chão, no Pará, e ficamos ali por alguns meses, em total conexão com a natureza, descobrindo e redescobrindo vários ingredientes e hábitos alimentares dos povos locais. Um dia saí para um passeio e tive um insight embaixo de uma sumaúma, árvore característica da floresta amazônica: me dei conta de que o que comemos é capaz de influenciar todos os sistemas do nosso corpo. Não só o estômago, o metabolismo e o intestino, mas tudo – da pele ao cérebro, dos ossos aos órgãos reprodutores. Desde a infância até a velhice, o modo como nos alimentamos impacta como nos sentimos e nossa condição física. Independentemente do médico que se consulte, seja psiquiatra, ginecologista, geriatra, pediatra ou outra especialidade, as informações sobre os hábitos de alimentação de uma pessoa podem dizer muito sobre sintomas e problemas de saúde.

Um dos problemas de saúde mais sérios relacionados com a alimentação atualmente são os transtornos alimentares, que são condições psiquiátricas. Um número crescente de pessoas cada vez mais jovens, principalmente meninas, sofre com bulimia, anorexia e compulsão, os transtornos mais conhecidos. Mas existem outros que só fiquei conhecendo enquanto conversava com colegas e profissionais para escrever este livro – como o transtorno alimentar restritivo evitativo (TARE), caracterizado por alterações no comportamento alimentar que fazem com que as crianças (as mais afetadas) restrinjam ou evitem certos alimentos com textura, cheiro, cor específica, por exemplo, ou preparados de determinadas maneiras. Trabalhando em escolas, já vi alunos e alunas que só aceitam comidas amarelas ou vermelhas. Ou que só comem macarrão servido em uma temperatura específica. Em casos assim, a criança é autorizada a levar a própria refeição, caso contrário não quer comer nada. São muitas crianças e adolescentes descontando emoções difíceis na comida, muitas vezes por causa de relações conflituosas em casa. É a maneira que encontram de chamar a atenção dos pais: ferindo-se por meio da recusa à alimentação e de outros comportamentos alimentares disfuncionais. Dá para imaginar a agonia de ter um filho que não come? Minha maior alegria na vida é ver minhas filhas comendo com prazer, daquele jeito que até fecham os olhinhos para apreciar o sabor! Criança ou adulto, é muito triste comer por obrigação, sem a felicidade que a comida pode proporcionar.

## Você já viu alguém enfezado?

Usamos esse termo para descrever quando uma pessoa está irritada, impaciente, nervosa, mal-humorada. É assim que muita gente fica depois de vários dias sem ir ao banheiro. Para alguns, ir ao banheiro todo dia é algo trivial, nenhum motivo para dor de cabeça. Para outros, fazer o intestino funcionar com regularidade é um drama. A mesma dificuldade que eu tenho para comer de forma natural e que tantos enfrentam para dormir sem esforço, muitas pessoas têm para ir ao banheiro. É como se a vida girasse em torno disso – algo que interfere na rotina e no equilíbrio emocional. Se estão estressadas, o intestino trava. Se passam o fim de semana fora de casa, mudam minimamente o padrão de alimentação ou estão na expectativa de algum acontecimento importante, ele sai do ritmo.

O inchaço, o desconforto físico e as dores ligadas ao acúmulo de fezes no intestino seriam suficientes para justificar o estresse e o mau humor, mas não é só isso. Há quem chame o intestino de "o segundo cérebro", porque nele é produzida a maior parte da serotonina que circula no organismo. A serotonina é um dos principais neurotransmissores que regulam o humor. Para que a liberação aconteça da forma ideal, o intestino tem que estar saudável, com a microbiota equilibrada.

Até alguns anos atrás não se ouvia falar muito em microbiota, a população de bactérias que vivem no intestino, e pouco se sabia sobre a importância dela para a saúde geral, não apenas para o funcionamento desse órgão. Hoje esse é um tema muito discutido no universo da alimentação saudável, justamente porque cada vez mais se comprova que a flora intestinal influencia a predisposição a doenças e pode afetar as emoções e até o comportamento das pessoas – mas Arthur Guerra sabe falar disso melhor do que eu.

A formação da nossa população de bactérias intestinais ocorre desde o nascimento e depende de fatores como a alimentação da mãe na gestação, se tomou antibióticos nesse período, o tipo de parto (se foi normal ou cesariana) e se a criança foi amamentada com leite materno. Ao longo da vida, nossos hábitos influenciarão a multiplicação das bactérias e o equilíbrio da microbiota. Ter uma alimentação diversificada e rica em vegetais é um dos fatores principais para nutrir uma microbiota saudável. Uma maneira adicional de ajudar na colonização do intestino por bactérias benéficas à saúde é consumindo alimentos com probióticos (do grego *pro* + *bios*, que significa a favor da vida), que são microrganismos vivos. Alguns já fazem parte da nossa alimentação diária, sendo que o mais conhecido é o iogurte – desde que seja natural (apenas leite e fermentos lácteos) ou enriquecido com colônias de bactérias. O iogurte caseiro, obtido a partir do processo de fermentação do leite, também contém probióticos. Na cultura culinária de diversos países há alimentos fermentados, como o kombucha (bebida produzida a partir de um tipo de chá e da fermentação de açúcares), o kimchi (prato coreano à base de acelga), o chucrute (feito com repolho) e o kefir (bebida à base de uma variedade de microrganismos).

# Comida é faca de dois gumes na saúde

ARTHUR

*Quando se trata de alimentação, você controla seus hábitos ou é controlado por eles? Escolhe os alimentos que quer comer com base na sua fome e vontade ou é escolhido por eles, ao limitar suas opções àqueles que contêm menos calorias, zero gordura ou que acredita não engordar nem fazer mal à saúde? Esses são questionamentos importantes para determinar se alguém tem uma relação tóxica ou saudável com a comida.*

*No contexto da psiquiatria, é comum receber pacientes com queixas de sintomas envolvendo pensamentos, comportamentos e afetos relacionados aos alimentos e ao ato de comer. Quando esses relatos revelam algum tipo de angústia, conduta arriscada ou restrição social que impeça que a comida e o momento de se alimentar sejam desfrutados com leveza e naturalidade, um alerta se acende para nós, especialistas. Uma queixa, um sintoma ou episódio isolado não bastam para se fazer um diagnóstico de transtorno alimentar. Mas quando os episódios são*

*persistentes a ponto de interferir na saúde mental e na vida so-*
*cial, além de prejudicar a ingestão e a absorção de nutrientes*
*importantes, aí sim. É normal e saudável ficar atento ao corpo*
*e ao peso, escolher bem os alimentos que consome e ter dias em*
*que se come mais, assim como dias em que se sente melhor fi-*
*cando sem uma refeição ou comendo pouco. Todo mundo passa*
*por isso, ninguém tem todos os dias a mesma fome ou vontade*
*de consumir as mesmas coisas. Mas não é normal olhar-se no*
*espelho e achar-se sempre gorda (pacientes com distúrbios ali-*
*mentares são na grande maioria meninas e mulheres), contar as*
*calorias de tudo antes de colocar na boca, ficar dias sem ingerir*
*nada por medo de engordar, parar de comer ou fazer exercí-*
*cios extenuantes durante horas no dia seguinte a um episódio de*
*exagero alimentar, tomar laxantes, diuréticos ou vomitar com a*
*intenção de eliminar o que comeu. Esses são alguns sinais que*
*indicam a presença de um transtorno alimentar.*

*Transtornos alimentares são condições psiquiátricas, entre os*
*quais as mais comuns são anorexia nervosa e bulimia nervosa.*
*Ambas são caracterizadas por distorção da autoimagem corpo-*
*ral e medo intenso de engordar, o que faz com que a pessoa adote*
*comportamentos perigosos para evitar esse desfecho. Na ano-*
*rexia, em alguns casos ela para totalmente de comer; em outros,*
*restringe bastante a quantidade. Na bulimia, provoca vômito*
*depois de um episódio de compulsão. A compulsão alimentar,*
*ou transtorno da compulsão alimentar periódica, também está*
*nesse grupo. Trata-se da ingestão descontrolada de uma grande*
*quantidade de alimentos em um curto espaço de tempo, sem*
*apetite, quase sem mastigar nem sentir o gosto, não importando*
*o tipo de alimento. Não é a mesma coisa que um comer emocio-*

*nal, quando alguém come demais em uma festa ou porque está triste ou ansioso. É comer sem parar por uma ou duas horas seguidas, se levantar de madrugada e atacar o que encontrar pela frente, sem nunca ficar satisfeito. Todos esses distúrbios geram grande sofrimento pela sensação de culpa, vergonha e frustração em seguida a uma crise. A comida deixa de ser um prazer e vira um objeto que desperta temor diante da possibilidade de perda do controle e da liberdade de escolha.*

*Compreender que a alimentação nos afeta não apenas fisicamente mas também nosso comportamento pode ajudar no tratamento de outras condições no campo da psiquiatria – como a do transtorno de déficit de atenção e hiperatividade (TDAH), que afeta a capacidade da pessoa de manter a atenção e controlar impulsos e pode trazer prejuízos significativos ao funcionamento do paciente no contexto social, acadêmico ou profissional. Algo que acontece com pacientes com TDAH é comerem mal porque têm dificuldade para programar a rotina (compras e preparo de refeições) e, consequentemente, a alimentação. Então a pessoa chega em casa à noite, não encontra o que comer e acaba consumindo qualquer coisa, sem consciência e, às vezes, com exagero. Também é comum que se esqueça de comer e beber água. Com isso, pode enfrentar problemas com o peso (sobrepeso e obesidade) e outros associados à má nutrição e à carência de certos nutrientes. O diagnóstico do TDAH é clínico, baseado na observação de sintomas e em informações fornecidas por pais, professores e até pelo próprio paciente e deve ser feito por um médico, não por testes genéricos disponíveis na internet.*

*No transtorno do espectro autista (TEA), que é considerado um transtorno de neurodesenvolvimento, e não psiquiátrico, chama a atenção a seletividade alimentar, presente na maioria das crianças diagnosticadas: elas demonstram preferência por alimentos específicos, evitam certas texturas, cores e temperaturas, resistem a experimentar coisas novas. Essas restrições muitas vezes geram deficiências nutricionais, como a de vitamina D, cálcio e ferro, o que pode acabar exacerbando problemas de saúde em geral. Além disso, podem levar a problemas gastrointestinais, como constipação crônica, diarreia, dores abdominais, inflamação crônica e disbiose (desequilíbrio na composição da microbiota intestinal, de que falo logo mais). A gravidade dos sintomas do transtorno pode influenciar a ocorrência dessas condições. O TEA costuma se manifestar na primeira infância, com sintomas como comportamentos repetitivos, problemas de sono, irritabilidade e comportamento antissocial ou explosivo, com dificuldade de regulação emocional. Frequentemente os sinais são interpretados como sintomas psiquiátricos, o que pode retardar o diagnóstico e o tratamento adequado.*

*Em ambos os quadros, é importante fazer uma abordagem multidisciplinar, envolvendo psiquiatra, psicólogo, nutricionista e terapeuta ocupacional, para elaborar um plano alimentar individualizado, levando em conta os fatores sensoriais e comportamentais de cada caso. Criar um ambiente de alimentação calmo e sem distrações, além de rotinas estruturadas, colabora para diminuir a ansiedade e a resistência associadas à alimentação.*

*Há muitos anos a ciência conhece os benefícios de uma nutrição adequada na prevenção de doenças cardiovasculares, diabetes, obesidade e alguns tipos de câncer. De uns anos para cá, tenho me surpreendido com a quantidade de estudos relacio-*

*nando a alimentação à saúde mental. Já existe um novo campo da ciência que busca entender como os alimentos impactam a saúde emocional e o humor: a psiquiatria nutricional.*

*Quando alguém está ansioso ou estressado, tem grandes chances de se alimentar mal, já falei sobre isso. O que mais acontece é trocar uma dieta à base de legumes, verduras, frutas e carnes saudáveis pela facilidade dos pratos prontos, muitas vezes congelados e industrializados, que são alimentos ultraprocessados. Hoje sabemos que o consumo contínuo de ultraprocessados pode colocar o corpo em um estado de inflamação crônica que afeta todo o organismo, inclusive o cérebro e as funções cognitivas, e por isso deve ser evitado. Várias evidências associam tais processos inflamatórios ao desenvolvimento de depressão e ansiedade. A inflamação não é o único fator de risco para essas doenças, mas aumenta a probabilidade de que surjam.*

*Alimentos ultraprocessados não só podem aumentar esses processos inflamatórios que vão impactar o sistema nervoso central, como também afetam o intestino. E, como já vimos, o intestino tem uma ligação importante com a saúde mental. Quase 90% da serotonina, um dos mais importantes moduladores naturais do humor, são produzidos no trato digestivo (o restante é fabricado no cérebro). Esse neurotransmissor também está envolvido na regulação de uma série de processos do corpo: o sono, o apetite, a libido, o gasto de energia, as funções cognitivas e o humor. A inflamação no intestino afeta a produção de serotonina, o que também pode alterar nosso estado de ânimo.*

*A descoberta do eixo intestino-cérebro é uma das maiores revoluções da ciência nos últimos anos. Ainda há muito a desvendar sobre as possibilidades da ligação entre esses dois órgãos, mas está estabelecido que ela é determinante para a saúde como um todo, inclusive para o peso e a saúde mental. E cada vez mais se descobre a importância de um novo personagem nessa conversa, já mencionado por Morena: a microbiota intestinal.*

*A microbiota é a população de trilhões de microrganismos (entre bactérias, fungos, vírus e protozoários) que habitam o intestino e são essenciais, desempenhando várias funções vitais, entre digestivas, imunológicas e neurológicas. A saúde do intestino – e a saúde geral, na verdade – depende de uma microbiota equilibrada entre bactérias benéficas (que auxiliam na digestão dos alimentos e protegem contra infecções) e maléficas (que, em excesso, podem causar doenças). Uma microbiota sadia deve conter a maior variedade possível de bactérias, tanto "boas" quanto "ruins" – é a convivência entre elas, conhecida como simbiose, que garante a saúde. O problema é que somos constantemente expostos a fatores que favorecem o desequilíbrio – ou disbiose –, como estresse excessivo, uso prolongado de antibióticos e, principalmente, um padrão nocivo de alimentação. Os micróbios intestinais se nutrem de fibras vegetais – sem elas, não se desenvolvem. Uma dieta variada, rica em frutas, verduras e legumes e reduzida em ultraprocessados, açúcar e gordura é a melhor para nutrir a população de bactérias boas e manter a microbiota saudável. Sem isso, a absorção dos nutrientes dos alimentos fica comprometida, o que abre espaço para o aumento de bactérias nocivas e desconfortos gastrointestinais (prisão de ventre, diarreia, dor e distensão abdominal), além de doenças inflamatórias agressivas, que podem afetar a saúde como um todo. Não adianta tomar suplementos de probióticos (como há tantos no mercado, prescritos e vendidos sem orientação ade-*

*quada) sem cuidar do que se consome nas refeições e de ou-tros hábitos diários. Além disso, fazer dieta restritiva altera a diversidade de microrganismos e gera estresse, o que favorece o surgimento de inflamações e desequilibra o ambiente intestinal.*

*As pesquisas nessa área são incipientes e ainda inconclusivas, mas os especialistas já consideram que as toxinas de uma mi-crobiota disfuncional podem mesmo atingir o sistema nervoso central e contribuir para piorar casos de ansiedade e depressão.*

# Picanha confit com purê de abacaxi e farofa de amendoim

Rendimento: 4 porções

## · Ingredientes ·

### Picanha confit

- 1 peça de picanha (1-1,2kg)
- 3 colheres (sopa) de sal grosso ou sal de parrilla
- 1,5l de azeite
- 5 dentes de alho
- 1 folha de louro
- 1 ramo de tomilho
- Sal e pimenta-do-reino a gosto

### Purê de abacaxi

- 1 abacaxi pérola maduro, descascado, sem o miolo, cortado em pedaços médios
- 3 colheres (sopa) de azeite
- 1 dente de alho picado

- ½ cebola média picada
- ½ talo pequeno de salsão picado
- ½ talo de alho-poró picado
- 1 colher (café) de gengibre picado
- ½ pimenta dedo-de-moça
- 2 peras-d'água maduras, sem casca e miolo, cortadas em pedaços médios
- Sal e pimenta-do-reino a gosto

## Farofa de amendoim
- 1 xícara (chá) de milho seco em grãos
- 1 xícara (chá) de xerém de amendoim
- ½ xícara (chá) de rapadura ralada

# · Modo de preparo ·

## Picanha confit
Preaqueça o forno a 110°C.

Tempere a peça de picanha com sal grosso e reserve sobre uma grade de bolo ou travessa por 30 a 60 minutos.

Em uma travessa funda, despeje o azeite e disponha os dentes de alho, o louro e o tomilho. Mergulhe a picanha temperada.

Leve ao forno e deixe a carne assar por cerca de 2 horas, até que esteja bem macia.

Retire a carne do azeite, ajuste sal e pimenta-do-reino e reserve para servir.

## Purê de abacaxi

Coloque os pedaços de abacaxi em uma forma e asse no forno preaquecido a 180°C até que fiquem macios e levemente chamuscados (aproximadamente 20 minutos).

Em uma frigideira grande, refogue no azeite o alho, a cebola, o salsão, o alho-poró, o gengibre e a pimenta dedo-de-moça, nessa ordem.

Adicione as peras picadas e cozinhe, mexendo de vez em quando, até que estejam macias. Reserve.

Coloque o abacaxi assado e a pera refogada no liquidificador e bata até obter um purê homogêneo. Tempere com sal e pimenta-do-reino e reserve para servir.

## Farofa de amendoim

Comece tostando os grãos de milho em uma frigideira em fogo médio. Mexa constantemente até o milho ficar levemente dourado e chamuscado. Tire do fogo e deixe esfriar.

Coloque o milho tostado no liquidificador e processe até obter uma farinha.

Adicione o xerém de amendoim e a rapadura ralada, incorpore todos os ingredientes usando a função pulsar do liquidificador e sirva acompanhando a carne e o purê.

# Capítulo 8

# Comida, viagens e fé

**MORENA**

Este livro começou a ser escrito em uma viagem ao Paquistão. Continuou na Áustria, nos Estados Unidos, no México, na Itália, na Alemanha, na França, no Reino Unido, na Finlândia, no Japão e na Índia, sem contar os muitos destinos por que passei no Brasil até terminá-lo. Amo viver viajando e me sinto em casa em qualquer lugar do mundo.

No passado, antes da invenção da escrita, as pessoas contavam suas histórias por meio da comida. Isso fez da culinária uma poderosa ferramenta na transmissão da cultura dos povos ao longo do tempo, talvez tão importante quanto a própria língua. É pela boca – pelo paladar e pelas narrativas compartilhadas em torno da comida – que podemos mergulhar mais fundo na essência de um país. É por isso que explorar a gastronomia dos lugares que visitamos é uma das maneiras mais autênticas de desbravar o mundo.

Em 2022, recebi como um presente o convite do Ministério das Relações Exteriores do Brasil, o Itamaraty, para integrar o projeto Brasil em Sabores, com o objetivo de promover a gastronomia brasileira no exterior por meio de diversas ações. Apenas 20% das 130 embaixadas do Brasil no mundo têm cozinheiros brasileiros. Isso quer dizer que na Turquia, na China e na maioria dos países nossas embaixadas servem um cardápio francês nos jantares e eventos que organizam para receber autoridades e demais convidados. É como se a culinária francesa fosse a oficial em eventos internacionais.

Diante disso, a ideia do projeto é que, a médio e longo prazos, todas as representações do Brasil contem com profissionais de cozinha habilitados para preparar jantares com DNA brasileiro, integrando ingredientes do nosso país e do local onde o evento for realizado. Meu papel é treinar esses profissionais e estruturar uma espécie de escola digital de gastronomia. Assim como existe o Instituto Rio Branco, que forma diplomatas, queremos criar uma escola de cozinheiros com cargo oficial para trabalhar nas embaixadas e levar os sabores brasileiros cada vez mais longe. Estou cada mês em um país. Agradeço todos os dias por essa experiência tão rica e pelo privilégio de me relacionar com pessoas incríveis. Que outro trabalho me daria a oportunidade de ficar hospedada na casa de um embaixador e compartilhar conhecimentos de culturas tão diversas?

Sou apaixonada pelo Brasil. Quando morei no exterior, me lembro de ouvir dos ingleses, ao descobrirem que sou brasileira: *You don't look like a Brazilian!* (Você não parece brasileira!) Eu ficava chateada; afinal, tenho o maior orgulho da minha origem. Acho que diziam isso porque na época, começo dos anos

2000, o filme *Cidade de Deus* estava fazendo muito sucesso na Europa e os estrangeiros tinham na cabeça aquela imagem do brasileiro. Mas talvez só a gente saiba que a característica mais marcante do brasileiro não é a aparência, e sim o jeito: de falar, de andar, de se adaptar às situações e às pessoas, o borogodó.

A cozinha brasileira – assim como a música, a moda, as artes plásticas e outras manifestações culturais – é fruto da miscigenação do nosso povo com as diversas culturas que absorvemos desde o encontro dos povos originários com os europeus, que aqui chegaram em 1500. Essa mistura está presente nas comidas de diferentes partes do país até hoje: a culinária indígena na região Norte, a portuguesa no Rio de Janeiro e a africana, tão marcante na Bahia. Depois, vieram os árabes, italianos, japoneses e coreanos, que deixaram seus sabores e referências principalmente em São Paulo.

Fui tateando meu caminho na gastronomia com a missão de levar para o mundo o nosso país em suas cores e sabores. Um país tropical cheio de personalidade, que age de forma local (no uso dos ingredientes) mas pensa de modo global, porque acolhe culturas do mundo inteiro e se deixa influenciar por todas – italiana, francesa, japonesa, tailandesa, coreana... Minha comida tem inspirações de todos os lugares que visito. Cada viagem que faço é um álbum de referências. Mesmo quando estou de férias não paro de ter ideias, de planejar em qual dos cardápios que assino posso incluir várias das receitas que experimento pelo mundo. Comer é uma deliciosa viagem cultural.

# Candomblé com Cordon Bleu

Na minha casa todo dia tem flor fresca, vela acesa e um bolo gostoso. Como quase sempre evito açúcar, o bolo raramente é para mim, mas "para o santo", como se diz no candomblé e em outras religiões de matriz africana. Afinal, como na letra da música de Gilberto Gil: "Toda menina baiana tem um santo, que Deus dá."

Tenho uma ligação forte com o candomblé por ter crescido na Bahia, mas se alguém perguntar qual é a minha religião, direi que não tenho uma só. Admiro, frequento e me sinto muito bem nos rituais no terreiro de candomblé, mas também vou à igreja católica, converso com o padre, rezo o Pai-Nosso todo dia, e os Dez Mandamentos fazem muito sentido para mim. Do mesmo jeito, gosto de ir à sinagoga e acho incríveis os ensinamentos da cabala, que estudei durante um tempo. Se entro em uma mesquita ou ouço o chamado melódico para as orações, quando estou em um país de maioria muçulmana, me emociono e sinto meu coração acolhido.

Fui batizada aos 7 anos porque minha mãe achava que eu é que tinha que escolher minha religião. Quando pequena eu ia a uma igreja católica, à paróquia São João Batista, também conhecida como a Igrejinha do Quadrado. Para mim, mais do que um santuário católico, ela é um símbolo do acolhimento a todas as pessoas e crenças, assim como é a própria cidade de Trancoso. Meus avós eram católicos praticantes, minha mãe cultua Buda e Shiva, um dos deuses do hinduísmo, e vai à Índia todo ano. Eu, acima de qualquer religião, tenho fé. Me sinto conectada com alguma força maior do que eu e isso me dá coragem e paz de espírito para aceitar as coisas como são, sabendo que tudo na vida é aprendizado e crescimento. Não questiono, apenas confio, entrego e agradeço. Isso, para mim, é acreditar em Deus. Creio na bondade, no amor, na boa ação e na ideia de que tudo que desejamos, falamos e pensamos vem para nós. Honro meus antepassados e todos aqueles que vieram antes de mim.

No candomblé, acredita-se que somos um pouco dos nossos ancestrais sanguíneos, mas também da nossa linhagem espiritual. Quando alguém faz a iniciação no culto dos orixás, tem que raspar a cabeça e identificar seu orixá através do jogo de búzios. Assim como na astrologia o mapa astral é uma representação de como estava o céu no dia do seu nascimento – o que, para os que acreditam, determina traços de personalidade e tendências de comportamento –, os búzios ajudam a entender sua ascendência. Sou filha de Oxum, o orixá da fertilidade. Também tenho no meu jogo Xangô, que traz a justiça, e Iemanjá, que simboliza o equilíbrio. Essa combinação faz de mim uma pessoa sedutora, que, com jeito e diplomacia, consegue convencer as pessoas a fazerem o que quero. Meu grande senso de justiça e tolerância me leva a considerar outros pontos de vista além do meu antes de tomar decisões. E tem o equilíbrio de Iemanjá, que me leva a avaliar todos os lados de uma situação antes de agir. Tudo isso faz com que eu seja boa em me relacionar com as pessoas.

O candomblé conta histórias através das comidas, que são ofertadas aos orixás como forma de reverência, gratidão e pedido de bênção. O babalorixá Paulo de Oyá, meu pai de santo, explica que o alimento está ligado ao axé (que quer dizer "assim será") e à cura, e impulsiona o indivíduo nas suas conquistas de vida. Há aqueles que alimentam nosso axé e aqueles que o bloqueiam – os chamados ewós, ou quizilas, aquilo que não se deve comer porque impede que sua força circule de maneira apropriada. Cada casa de candomblé tem seus ewós. Após a iniciação, uma pessoa fica conhecendo os seus, isto é, suas restrições alimentares. Por exemplo, os filhos de Iansã não podem comer carneiro. Em algumas casas de candomblé, os filhos de Xangô não comem feijão-branco. Dependendo de seu orixá, a pessoa não pode comer caranguejo, quiabo, cogumelos, ovos, abóbora... São alimentos que roubam a energia do indivíduo. É mais ou menos como um diabético que come uma quantidade grande de açúcar: sentirá que sua armadura foi quebrada.

A religião é capaz de moldar os hábitos alimentares de seus seguidores, principalmente aqueles que levam sua fé mais a sério. Em praticamente todas as crenças existem regras e rituais ligados à alimentação com o propósito de promover a pureza espiritual, a moderação e a consciência da presença divina na vida cotidiana. No catolicismo, o jejum durante a Quaresma e a abstinência de carne na Sexta-Feira Santa são demonstrações de disciplina. No judaísmo, um conjunto de regras alimentares – a alimentação kosher – define, por exemplo, que não se deve consumir carne e leite, além de seus derivados, na mesma refeição. As carnes só são permitidas quando vêm de animais abatidos de uma maneira específica, para que morram de forma rápida e sem sofrimento. Peixes e frutos do mar só são considerados kosher se tiverem escamas e barbatanas – e por aí vai. Para o islã, o equivalente ao kosher é a alimentação halal, com preceitos próprios. Por exemplo, os islâmicos só comem carne bovina ou de frango se o animal tiver sido sacrificado com o corpo voltado para a cidade sagrada de Meca e pelas mãos de um muçulmano praticante. Ao aderir a essas práticas e restrições, os fiéis das diferentes crenças se comprometem não apenas com sua fé, mas com um estilo de vida que enfatiza o controle dos impulsos mundanos em nome da conexão espiritual.

# Comer é divino

**ARTHUR**

*A área da saúde tem se dedicado cada vez mais a investigar o impacto da espiritualidade no tratamento e na cura de doenças físicas e psíquicas. Não é de hoje que hospitais e outros serviços de saúde integram expressões diversas da espiritualidade no cuidado com pacientes. Quando me formei, tive a oportunidade de atuar e ver de perto o trabalho de algumas dessas instituições, todas sérias e renomadas. Mais tarde, eu mesmo recebi conforto espiritual de uma delas quando sofri uma lesão séria e precisei ser hospitalizado. A generosidade dos profissionais envolvidos foi fundamental como apoio psicológico e contribuiu bastante para a minha recuperação.*

*Primeiro, quero destacar que espiritualidade e religião não são a mesma coisa, embora estejam interligadas. A religiosidade é a conexão com uma religião específica, incluindo seus preceitos, práticas e tradições. Já a espiritualidade refere-se à ligação com algo maior do que nós, que nem sempre tem um nome ou definição precisa. Ela tem a ver com a busca individual de nossos propósitos de vida e da conexão com nossa essência. Entende-se que alguém que se diz religioso é espiritualizado, mas uma pessoa espiritualizada não necessariamente é adepta de uma religião, podendo inclusive nem acreditar em Deus.*

*Cultivar a espiritualidade e a religião melhora a qualidade de vida porque oferece uma estrutura emocional para enfrentarmos situações difíceis. Funciona como um suporte para termos resiliência e um sentido de conexão com algo maior do que o indivíduo, seja uma comunidade, a natureza ou uma força divina. Isso pode ser útil em momentos de crise, nos ajudando a encontrar paz e conforto, diminuindo a ansiedade e o estresse e fortalecendo o bem-estar geral. Também incentiva a autorreflexão, o autoconhecimento e a busca por uma vida mais significativa, o que é essencial para a saúde mental.*

*Em muitas tradições religiosas e expressões de espiritualidade, a comida é uma das formas de manifestar devoção. A relação entre alimento e fé revela costumes, regras, práticas e mandamentos. Muitas vezes, a identidade alimentar de uma comunidade, uma cidade ou um país é também uma identidade religiosa. Como católico, vejo que a Bíblia está repleta de referências a alimentos que carregam significados simbólicos. No catolicismo, o vinho deixou de ser uma bebida pagã para se tornar nobre e celestial, simbolizando o sangue de Cristo. O pão representa a comunhão com Deus. Outros alimentos também têm significados específicos: as oliveiras e o azeite simbolizam paz, reconciliação e prosperidade; a romã é mencionada como símbolo de fertilidade e abundância; o peixe possui múltiplos significados, incluindo a associação com milagres e a vida eterna.*

*A importância religiosa da comida é evidente até no ato de não comer, como o jejum praticado em diversas crenças. Durante o Ramadã, os muçulmanos jejuam do amanhecer até o anoitecer para purificação espiritual e proximidade com Deus. No Yom Kippur, os judeus se abstêm de comida e bebida como forma de expiação e reflexão. Na Semana Santa, muitos católicos evitam carne em um gesto de penitência e preparação para a Páscoa. Alimentos e práticas alimentares são adotados em diferentes religiões não só para saciar o corpo, mas para nutrir a alma e fortalecer a fé.*

*No candomblé e outras religiões de matriz africana, muito fortes na Bahia, a comida tem vários significados, entre eles o de ser uma forma de comunicação com as entidades espirituais, a quem é ofertada como agradecimento, pedido de bênção e proteção. Eu nunca havia tido qualquer contato com o candomblé até conhecer Morena e ser apresentado por ela ao babalorixá Paulo de Oyá. Não fosse pelas guias que ele carregava no pescoço, eu não saberia que ele era um pai de santo. Isso porque eu tinha outra visão do candomblé, talvez mais estigmatizada, como muita gente tem. Era meu aniversário e ele gentilmente me presenteou com uma garrafa contendo uma infusão de ervas, que usei em um banho, para algum tipo de proteção. Depois de um fim de semana convivendo e conversando com Paulo, fiquei com vontade de entender mais sobre a religião e até de visitar um terreiro de candomblé. A Bahia tem a capacidade de nos seduzir com seus sabores e saberes – ou de nos abduzir, como disse um paciente e grande amigo baiano ao ouvir minhas experiências espirituais e gastronômicas na sua terra.*

*É sempre enriquecedor sair da rotina e explorar cenários e culturas diferentes. Se tiver comida envolvida, melhor ainda. Nas minhas viagens, as refeições são sempre parte especial do roteiro. Gosto de planejar tudo com antecedência: saio de casa sabendo onde iremos almoçar e jantar e, às vezes, até o prato que pedirei. Minha esposa fica responsável por escolher os restaurantes chiques e estrelados. Alternamos com idas a lugares menores e mais informais, como eu prefiro. Não sou fã de comer muito, mas de comer bem. Para isso, nem sempre é preciso sentar em um restaurante sofisticado e caro. Em São Paulo, gosto de comer um belo sanduíche de carne louca em um dos muitos bares tradicionais no centro da cidade. Dependendo do dia e da fome, um cheeseburger na saída do estádio depois de assistir a um show pode ser a comida perfeita para fechar a noite. Cada viagem oferece um banquete de novas descobertas culinárias.*

# Manauê de caju com calda de rapadura

Rendimento: 8 unidades

## · Ingredientes ·

### Manauê

- 150g de caju-passa
- 250ml de água fervida ou suco de caju concentrado, morno
- 100g de açúcar de coco
- 60g de manteiga sem sal
- 2 ovos
- 110g de farinha de trigo
- 1 colher (sopa) de fermento em pó

### Calda

- 250g de rapadura
- 100ml de água
- 50ml de creme de leite
- 2 colheres (sopa) de manteiga

# · Modo de preparo ·

## Manauê

Coloque o caju-passa e a água fervida ou o suco do caju no liqui-dificador e bata até formar uma pasta grossa. Reserve.

Na tigela da batedeira, misture o açúcar e a manteiga. Acrescente os ovos e bata.

Junte a pasta de caju e misture aos poucos.

Acrescente a farinha e continue batendo aos poucos.

Coloque o fermento e misture com um fuê.

Unte forminhas de petit gâteau com manteiga e farinha e despeje a mistura, tomando o cuidado de não encher completamente para que não derrame ao assar.

Leve ao forno a 180°C por cerca de 10 minutos.

## Calda

Leve a rapadura e a água ao fogo e deixe derreter até engrossar.

Acrescente o creme de leite e a manteiga e mexa até ficar uma mistura homogênea.

Pode-se fazer um suco de caju com pedaços de caju natural para umedecer o manauê na hora de servir.

# Epílogo

# Pronto para fazer as pazes com a comida?

**MORENA & ARTHUR**

A comida pode nos conectar e nos desconectar de nós mesmos e dos outros. Pode nutrir ou desnutrir, ser remédio ou veneno para o corpo e a mente, amiga ou inimiga. Você tem um amigo ou uma amiga daqueles da vida toda, que faz parte da sua história desde que se conhece por gente? Pense na comida como essa amiga verdadeira: pode ser que nem sempre a relação entre vocês seja fácil, assim como acontece entre as pessoas. Às vezes a amizade pode se tornar tóxica, desafiadora, provocar sentimentos incômodos. Mas não podemos viver sem ela. Se você tem compulsão por bebida, por exemplo, pode escolher parar de beber, fazer um tratamento, tomar remédio. Com a alimentação, não dá, pois ela é vital: temos que criar uma relação de paz porque vamos conviver com a comida até o fim dos nossos dias.

Neste mundo em que pulamos de uma tarefa a outra o tempo todo, é fácil encarar a alimentação como mais uma entre tantas obrigações a cumprir diariamente e, com isso, acabar comendo sem atenção, no automático, usando o momento sagrado da refeição para responder mensagens, resolver pendências pessoais e do trabalho ou rolar a tela do celular aleatoriamente. Ou acabamos comendo qualquer coisa, o que tiver pela frente – se tiver alguma coisa. Ou não comendo porque não deu tempo, porque ficamos trabalhando até mais tarde ou porque não tinha nada na geladeira. O dia a dia moderno, com o apelo das novas tecnologias, da internet e das redes sociais, faz de tudo para roubar nossa atenção e nos tirar do foco do autocuidado. Precisamos nos desconectar das redes – pelo menos na hora de comer, já que elas obviamente têm uma porção de vantagens e está difícil viver sem elas – para nos conectar conosco. É preciso trabalhar com consciência todos os dias para não sermos engolidos pelo turbilhão de estímulos em que estamos imersos.

A falta de disciplina para se alimentar adequadamente está muito ligada à falta de autoestima: se alguém não consegue parar para escolher o que vai comer, que é o básico para nos mantermos vivos e saudáveis, capazes de realizar todas as demais atividades e ir atrás de nossos sonhos e desejos, como poderá dar atenção às outras áreas da vida? Sem cuidado com a alimentação, o risco de descuidar da prática de atividade física, do sono e outros aspectos importantes para viver com qualidade é grande. Por outro lado, quando tomamos as rédeas desse hábito diário fundamental e começamos a perceber a diferença que uma alimentação equilibrada faz no dia a dia, fica mais fácil começar a mudar outras coisas.

No mundo inteiro, as pessoas estão mais longevas. É uma conquista incrível, graças aos avanços da ciência e da tecnologia, ao aumento da conscientização sobre a saúde e à melhoria nas condições de vida da população, entre outros fatores. No entanto, à medida que nossa expectativa de vida aumenta, precisamos nos cuidar para permanecer dispostos e produtivos até uma idade mais avançada do que na época de nossos pais e avós, por exemplo. Todo mundo quer desfrutar de uma vida longa, desde que seja com saúde e felicidade, sem doenças nem limitações, não é mesmo? Cuidar da alimentação é a chave em nossa jornada de autocuidado. É mais ou menos como gerenciar o orçamento financeiro: se não escolhermos com sabedoria onde investimos nossos esforços e não ficarmos de olho para evitar desperdício, ele sai do controle e podemos enfrentar dificuldades.

Comer bem não significa seguir regras genéricas, radicais e que limitam o prazer. Passar fome ou vontade não representa uma boa alimentação e ainda desconecta as pessoas do próprio corpo, prejudicando a relação com a comida. Comer em excesso, para além da saciedade ou para preencher algum vazio emocional, também não é saudável quando se torna um padrão. Em se tratando de alimentação, o comportamento é tão importante quanto os nutrientes: não importa apenas o que você come, mas também como, por que e com quem come.

Para fazer melhores escolhas alimentares, é fundamental buscar conhecimento – não apenas sobre nutrição, mas sobre si mesmo. Quais são seus objetivos na vida? O que tem prazer em fazer? Em que você acredita? De que precisa para ser feliz? É importante ter autoconhecimento e flexibilidade para revisar crenças e fazer mudanças necessárias em si e no estilo de vida. Nunca é tarde para isso. No entanto, muita gente vive anestesiada, incapaz de olhar para dentro e desenvolver uma compreensão mais profunda de si. Mais uma vez, a superexposição à vida digital e a uma quantidade absurda de informação, a pressão por sucesso e dinheiro e, para piorar, o abuso de remédios, comida e bebida alcoólica na tentativa de lidar com os desafios deste mundo contribuem para um estado de desatenção e desinteresse.

Encontrar um equilíbrio saudável depende de entender que comer não é válvula de escape nem serve unicamente para abastecer o corpo com nutrientes. Comer é nutrir a alma e o espírito, fortalecer as relações e as emoções – e é um dos maiores prazeres da vida. Pode ser uma grande aventura, à medida que se tem a chance de explorar o mundo, descobrir histórias e resgatar memórias por meio dos sabores e ingredientes. Basta ter curiosidade para manter a mente e o paladar abertos. Comer bem é um gesto de autocuidado que requer atenção e intenção. Ao desenvolver uma relação harmoniosa e consciente com a alimentação, criamos uma base para melhorar tudo o mais em nossa vida.

# Petit gâteau de capim-santo

Rendimento: 10 unidades

## · Ingredientes ·

- 500g de chocolate branco
- 200g de manteiga
- 100ml de leite
- 50g de folhas de capim-santo
- 10 gemas
- 5 claras de ovos
- 100g de farinha de trigo

## · Modo de preparo ·

Coloque o chocolate branco e a manteiga em uma tigela para derreter em banho-maria. Reserve.

Bata no liquidificador o leite e as folhas de capim-santo, peneire e reserve.

Com uma espátula, misture o chocolate e a manteiga derretidos, as gemas peneiradas, as claras, o leite com capim-santo e a farinha de trigo até obter uma mistura homogênea. Preaqueça o forno a 180°C.

Unte forminhas de petit gâteau com manteiga e farinha e despeje a mistura, tomando o cuidado de não encher completamente para que não derrame ao assar.

Leve ao forno preaquecido por cerca de 8 minutos.

Desenforme e sirva ainda quente.

# CONHEÇA ALGUNS DESTAQUES DE NOSSO CATÁLOGO

- Augusto Cury: Você é insubstituível (2,8 milhões de livros vendidos), Nunca desista de seus sonhos (2,7 milhões de livros vendidos) e O médico da emoção

- Dale Carnegie: Como fazer amigos e influenciar pessoas (16 milhões de livros vendidos) e Como evitar preocupações e começar a viver

- Brené Brown: A coragem de ser imperfeito – Como aceitar a própria vulnerabilidade e vencer a vergonha (600 mil livros vendidos)

- T. Harv Eker: Os segredos da mente milionária (2 milhões de livros vendidos)

- Gustavo Cerbasi: Casais inteligentes enriquecem juntos (1,2 milhão de livros vendidos) e Como organizar sua vida financeira

- Greg McKeown: Essencialismo – A disciplinada busca por menos (400 mil livros vendidos) e Sem esforço – Torne mais fácil o que é mais importante

- Haemin Sunim: As coisas que você só vê quando desacelera (450 mil livros vendidos) e Amor pelas coisas imperfeitas

- Ana Claudia Quintana Arantes: A morte é um dia que vale a pena viver (400 mil livros vendidos) e Pra vida toda valer a pena viver

- Ichiro Kishimi e Fumitake Koga: A coragem de não agradar – Como se libertar da opinião dos outros (200 mil livros vendidos)

- Simon Sinek: Comece pelo porquê (200 mil livros vendidos) e O jogo infinito

- Robert B. Cialdini: As armas da persuasão (350 mil livros vendidos)

- Eckhart Tolle: O poder do agora (1,2 milhão de livros vendidos)

- Edith Eva Eger: A bailarina de Auschwitz (600 mil livros vendidos)

- Cristina Núñez Pereira e Rafael R. Valcárcel: Emocionário – Um guia lúdico para lidar com as emoções (800 mil livros vendidos)

- Nizan Guanaes e Arthur Guerra: Você aguenta ser feliz? – Como cuidar da saúde mental e física para ter qualidade de vida

- Suhas Kshirsagar: Mude seus horários, mude sua vida – Como usar o relógio biológico para perder peso, reduzir o estresse e ter mais saúde e energia

Para saber mais sobre os títulos e autores da Editora Sextante,
visite o nosso site e siga as nossas redes sociais.
Além de informações sobre os próximos lançamentos,
você terá acesso a conteúdos exclusivos
e poderá participar de promoções e sorteios.

## sextante.com.br